T0128385

essentials

essentials liefern aktuelles Wissen in konzentrierter Form. Die Essenz dessen, worauf es als „State-of-the-Art" in der gegenwärtigen Fachdiskussion oder in der Praxis ankommt. *essentials* informieren schnell, unkompliziert und verständlich

- als Einführung in ein aktuelles Thema aus Ihrem Fachgebiet
- als Einstieg in ein für Sie noch unbekanntes Themenfeld
- als Einblick, um zum Thema mitreden zu können

Die Bücher in elektronischer und gedruckter Form bringen das Fachwissen von Springerautor*innen kompakt zur Darstellung. Sie sind besonders für die Nutzung als eBook auf Tablet-PCs, eBook-Readern und Smartphones geeignet. *essentials* sind Wissensbausteine aus den Wirtschafts-, Sozial- und Geisteswissenschaften, aus Technik und Naturwissenschaften sowie aus Medizin, Psychologie und Gesundheitsberufen. Von renommierten Autor*innen aller Springer-Verlagsmarken.

Sylvia Hubner-Benz

Warum Personalführung in Start-ups anders funktioniert

Erfolgreich gegründet und plötzlich Führungskraft

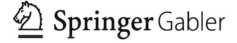 Springer Gabler

Sylvia Hubner-Benz
Bozen, Italien

ISSN 2197-6708   ISSN 2197-6716 (electronic)
essentials
ISBN 978-3-658-38946-8   ISBN 978-3-658-38947-5 (eBook)
https://doi.org/10.1007/978-3-658-38947-5

Die Deutsche Nationalbibliothek verzeichnet diese Publikation in der Deutschen Nationalbibliografie; detaillierte bibliografische Daten sind im Internet über http://dnb.d-nb.de abrufbar.

Planung/Lektorat: Ann-Kristin Wiegmann
Springer Gabler ist ein Imprint der eingetragenen Gesellschaft Springer Fachmedien Wiesbaden GmbH und ist ein Teil von Springer Nature.
Die Anschrift der Gesellschaft ist: Abraham-Lincoln-Str. 46, 65189 Wiesbaden, Germany

Was Sie in diesem *essential* finden können

- Informationen zu Charakteristika und Herausforderungen von Führung, Personalmanagement und Organisationsentwicklung in Start-ups
- Wissenschaftliche Erkenntnisse zu Führung, Personalmanagement und Organisationsentwicklung in Start-ups
- Eine Erläuterung der Einflüsse der Globalisierung, Digitalisierung und gesteigerter Diversität auf Führung, Personalmanagement und Organisationsentwicklung in Start-ups

Danksagung

Ich bin sehr dankbar, dass ich auf meinem Weg eine Wissenschaftlerin zu werden unheimlich viel persönliche Unterstützung erhalten habe. Allen voran möchte ich meinem Mann Tobias Benz für die zahlreichen kritischen und inspirierenden Diskussionen danken, und für die fortwährende Ermutigung und die vielen Ideen, die er einbringt, und die meine Arbeit beeinflussen. Zudem schätze ich mich sehr glücklich und bin unheimlich dankbar, dass ich mich in allen Lebenslagen auf die Unterstützung meiner Eltern Inge und Uli Hubner verlassen kann. An dieser Stelle möchte ich ihnen insbesondere für ihre Kommentare und Anregungen zu diesem Buch danken, die mir im Überarbeitungsprozess sehr geholfen haben. Besonders bedanke ich mich zudem bei Tanja Kleinheinz, für zahlreiche intensive Diskussionen, die mich zur Reflexion über neue Perspektiven angeregt haben. Ich danke ihr zudem für das Lektorat zu diesem Buch, das die Qualität des Textes enorm gesteigert hat.

Dieses Buch basiert auf den Ergebnissen meiner Forschung, die ohne die Mitwirkung und Unterstützung durch meine Koautor:innen nicht möglich gewesen wäre. Insbesondere möchte ich mich bei meinem Doktorvater Matthias Baum bedanken, von dem ich im Rahmen intensiver und langjähriger Zusammenarbeit unheimlich viel gelernt habe und der mich nicht nur während meiner Promotion, sondern auch darüber hinaus fortwährend unterstützt. Zudem danke ich Michael Frese für unsere inspirierende Zusammenarbeit, die mir zahlreiche Projekte ermöglicht hat und meine wissenschaftlichen Fähigkeiten bedeutend weiterentwickelt hat. Darüber hinaus bin ich dankbar, dass ich sehr erfolgreiche Promotionen und Abschlussarbeiten betreuen durfte, in denen spannende Forschungsergebnisse entstanden sind, die ich in diesem Buch aufgenommen habe. Insbesondere danke ich Biljana Rudic und Jakub Cichor für die großartige Zusammenarbeit im Rahmen ihrer Promotionsprojekte und Lena Leipfinger und Caroline Folger für ihr Engagement in ihren Abschlussarbeiten. Ich möchte mich auch bei meinen erfahrenen Koautor:innen bedanken, von denen ich sehr viel lernen durfte, insbesondere Song Zhaoli, Alex McKelvie, Jochen Wirtz und Franziska Emmerling. Auch bei meinen weiteren Koautor:innen, insbesondere Maral Darouei, Deng Wei, Stephanie Rehbock, Fabian Most und Tamara Kaschner, möchte ich mich herzlich für die hervorragende Zusammenarbeit bedanken, die zur Entstehung der Studien, die in dieses Buch eingeflossen sind, maßgeblich beigetragen hat.

Sylvia Hubner-Benz

Inhaltsverzeichnis

Über die Autorin

Sylvia Hubner-Benz (geb. Hubner) ist seit September 2020 als Assistant Professor of Management an der Freien Universität Bozen in Italien tätig. Dort lehrt sie im Bereich Entrepreneurship und Innovation und berät Gründungsteams. Sie hat 2013 ihr Studium in Wirtschaftspädagogik an der LMU München abgeschlossen, und 2017 an der TU Kaiserslautern promoviert. Anschließend war sie Postdoc und Projektleiterin an der TU München und Postdoctoral Research Fellow an der National University of Singapore. In ihrer Forschung untersucht sie Entrepreneurship, Innovation, Führung, Personalmanagement, Diversität und Mensch-Roboter-Interaktion. Sie kombiniert dabei verschiedene methodologische Ansätze, darunter qualitative Studien sowie quantitative Experimente und Feldstudien. Ihre Forschungsergebnisse wurden u. a. in den angesehenen wissenschaftlichen Zeitschriften „Entrepreneurship Theory and Practice" und „Personnel Psychology" publiziert. Sie wurde mit dem „FGF Best Entrepreneurship Research Newcomer Award" und dem „Haaß-Promotionspreis" ausgezeichnet. Über ihre Forschung wurde auch in den Medien berichtet, z. B. in Forbes und ThinkChina.

Einführung

In diesem Buch beschreibe ich, inwiefern Führung, Personalmanagement und Organisationsentwicklung in Start-ups anders funktionieren als in etablierten Unternehmen. Im Wachstumsprozess werden Personen aus dem Gründungsteam „plötzlich" zur Führungskraft. Wenn das Start-up wachsen soll, sind die Gründer:innen für Rekrutierung und Führung von Mitarbeiter:innen verantwortlich, und müssen Strukturen und Prozesse aufbauen, um die Zusammenarbeit zu organisieren. Dabei können zahlreiche Spannungen entstehen und neue Fragen und Aufgaben auftauchen. Wie können Prozesse professioneller werden, ohne dabei die familiäre und informelle Organisationskultur zu verlieren? Wie kann die Effizienz gesteigert werden, ohne dabei an Flexibilität zu verlieren? Wie kann die Motivation und Kreativität von Beschäftigten gesteigert werden, obwohl es kaum Aufstiegsmöglichkeiten gibt? Wie relevant diese Führungsthemen sind, wird für viele Gründungsteams erst deutlich, wenn bereits Probleme entstanden sind. In diesem *essential* erläutere ich auf Basis wissenschaftlicher Erkenntnisse welche Herausforderungen auf Gründer:innen zukommen, wenn sie Mitarbeiter:innen einstellen, und welche Verhaltensweisen für sie geeignet sind, wenn sie zu Führungskräften werden.

Ich baue dabei auf den Erfahrungen und Kenntnissen auf, die ich im Laufe der letzten Jahre gesammelt habe. Schon seit meinem Studium in Wirtschaftspädagogik an der LMU München beschäftige ich mich mit Führung und Personalmanagement, insbesondere in Start-ups. Während meines Studiums habe ich durch Lehrveranstaltungen und Praktika erste Einblicke in die spannende Welt der Start-ups gewonnen. Ich war direkt fasziniert von der Dynamik, Flexibilität, und Begeisterung aller Beteiligten. Ich habe mich aber gefragt, warum Start-ups als Arbeitgeber eigentlich so attraktiv erscheinen, obwohl häufig geringe Gehälter gezahlt werden und viele Überstunden gemacht werden. Auch die Arbeitsplatzsicherheit ist niedriger als in etablierten Unternehmen, da nur wenige Start-ups

© Der/die Autor(en), exklusiv lizenziert an Springer Fachmedien Wiesbaden GmbH, ein Teil von Springer Nature 2022
S. Hubner-Benz, *Warum Personalführung in Start-ups anders funktioniert,* essentials, https://doi.org/10.1007/978-3-658-38947-5_1

die ersten Jahre überleben. In meiner Doktorarbeit an der TU Kaiserslautern bin ich dieser Frage nachgegangen und habe in mehreren Studien Führung und Personalmanagement in Start-ups untersucht. Nach meiner Promotion habe ich mich mit weiterführenden Fragestellungen beschäftigt und Studien zu verschiedenen Rahmenbedingungen durchgeführt, beispielsweise zu regionalen und kulturellen Unterschieden, und zum Einfluss von Digitalisierung und Diversität. Nun möchte ich meine Forschungsergebnisse einem breiten Personenkreis zugänglich machen. Ich hoffe nicht nur Wissenschaftler:innen anzusprechen, sondern auch Gründer:innen und all ihren Stakeholdern Inspiration zu geben, um Führung und Personalmanagement effizient zu gestalten und passende Strukturen und Prozesse aufbauen zu können.

Das Arbeitsumfeld in Start-ups 2

Der Wachstumsprozess eines Start-ups ist meistens turbulent und durch viele, oft gewaltige, Veränderungen gekennzeichnet (Grimes et al., 2018; Hampel et al., 2019). Durch Diskussionen im Gründungsteam oder externes Feedback wird – in der Regel wiederholt – der Fokus der Gründungsidee geändert, die Visionen angepasst (Preller et al., 2020), und auch Strategien und Entscheidungen werden wiederholt geändert (Reymen et al., 2015). Die Verhaltensweisen im Gründungsteam beruhen überwiegend auf Improvisation und Lernen durch Versuch-und-Irrtum (Baker et al., 2003; Shepherd et al., 2021). Gründungsteams müssen experimentieren, um das Start-up dynamisch am Umfeld und den sich ständig ändernden Bedingungen auszurichten (Kerr et al., 2014). Häufige Veränderungen und Neuorientierung sind in einem Start-up sozusagen der Normalzustand (Baum et al., 2020).

Diese dynamischen Veränderungsprozesse stellen für Gründungsteams eine extreme Herausforderung dar. Veränderungen betreffen die Identität der Gründungsmitglieder, da die Gründungsidee häufig mit ihrem Selbstbild verknüpft ist (Grimes, 2018; Cardon et al., 2013). Tiefgreifende Veränderungen sind meistens mit Teamkonflikten verknüpft (Preller et al., 2020), und es ist schwierig trotz ständiger Veränderungen das Vertrauen der Stakeholder zu behalten (Hampel et al., 2019).

Dieses herausfordernde Umfeld betrifft nicht nur die Gründungsteams, sondern auch ihre Mitarbeiter:innen. In Start-ups gibt es meist noch keine Person, die sich gezielt mit Personalmanagement beschäftigt (Fox, 2013; Katz & Welbourne, 2002). Prozesse sind in der Regel sehr informell, es gibt wenig Struktur und viel Flexibilität. Die Hierarchien sind flach, die Beschäftigten interagieren eng mit dem Gründungsteam (Barrett & Mayson, 2008; Hayton, 2003; Marlow et al., 2010). Das heißt, oft fehlen ausgereifte Prozesse und formalisierte Strukturen für Rekrutierung, Führung und Management von Beschäftigten; und auch die

S. Hubner-Benz, *Warum Personalführung in Start-ups anders funktioniert*, essentials, https://doi.org/10.1007/978-3-658-38947-5_2

Ressourcen für deren Aufbau sind meistens nicht vorhanden (Cardon & Stevens, 2004; Patel & Cardon, 2010). Mit einer steigenden Anzahl an Mitarbeiter:innen werden Strukturen komplexer, und Personalmanagement-Fragen werden relevanter und schwieriger zu klären (Cardon & Stevens, 2004). Zudem ändern sich im Laufe des turbulenten Entwicklungsprozesses die Anforderungen an die Mitarbeiter:innen. Daher müssen interne Prozesse des Start-ups wiederholt angepasst werden.

Was zeichnet Führung in Start-ups aus?

- In Start-ups ist häufig zunächst eine Person aus dem Gründungsteam für Rekrutierung und Führung von Beschäftigten verantwortlich. Sie muss Strukturen und Prozesse aufbauen, um die Zusammenarbeit zu organisieren.
- Das Gründungsteam hat oft keine Erfahrung mit Führungsaufgaben und manchmal wenig Interesse an Führungsverantwortung. Oft stehen andere Themen, z. B., Produktentwicklung und/oder Investor:innen-Akquise im Vordergrund.
- Es entstehen Spannungen zwischen dem Ziel der Professionalisierung von Prozessen und dem Wunsch eine familiäre und informelle Organisationskultur aufzubauen und beizubehalten.
- Widersprüche zwischen dem Ziel die Effizienz durch Standardisierung zu steigern und die Flexibilität beizubehalten führen zu Unklarheiten und Missverständnissen.
- Motivation und Kreativität der Mitarbeiter:innen tragen maßgeblich zum Unternehmenserfolg bei.

Personalkosten sind in vielen Fällen einer der größten Kostenfaktoren. Daher sollten Start-ups nicht zu lange warten, sich mit Fragen des Personalmanagements zu beschäftigen. Nur dann können sie das Potenzial ihrer Mitarbeiter:innen bestmöglich ausschöpfen. Häufig merken Gründungsteams erst sehr spät, wie viel effizienter sie die Arbeitskraft ihrer Beschäftigten nutzen könnten, wenn sie diese bewusster fordern und fördern würden. Ein typischer Auslöser für einen Fokus auf Führung und Personalmanagement ist, wenn Mitarbeiter:innen (aus Sicht der Gründer:innen überraschend) kündigen. Wenn eine Person überraschend kündigt, geht oft kostbares Wissen verloren, und es erscheint meist nahezu unmöglich die Stelle der Person passend nachzubesetzen.

Solche Situationen sollten unbedingt vermieden werden. Durch regelmäßige gemeinsame Reflektion und bewusste Interaktion mit den Mitarbeiter:innen können Gründer:innen frühzeitig erkennen, wenn Ineffizienzen entstehen, und wenn Unzufriedenheit herrscht. In diesen Fällen kann dann gemeinsam nach passenden Lösungen gesucht werden.

Im Folgenden stelle ich Studienergebnisse zu Rekrutierung, Personalentwicklung, Personalführung und Organisationsentwicklung vor, und fasse diese in einem Modell (siehe Kap. 7) zusammen, mit dem ich die Diskussion und Reflektion über Führung und Personalmanagement in Start-ups unterstützen möchte.

Personalmanagement in Start-ups

Zahlreiche Studien zeigen, dass das Humankapital, das heißt die Bildung und die Arbeitserfahrung der Mitarbeiter:innen, maßgeblich zum Erfolg von Start-ups beitragen. Die positiven Effekte von Investitionen in Humankapital sind, interessanterweise, stärker für junge Unternehmen im Vergleich zu älteren Unternehmen (Unger et al., 2011). Humankapital kann über zwei Wege aufgebaut werden: Zum einen durch Rekrutierung von Mitarbeiter:innen mit bestimmten Kompetenzen oder Erfahrungen, zum anderen durch Personalentwicklung, das heißt durch Schulungen oder indem andere Lernmöglichkeiten für die Mitarbeiter:innen geschaffen werden. Im Folgenden stelle ich den Forschungsstand und die Ergebnisse meiner Studien zu Rekrutierung und Personalentwicklung dar.

3.1 Rekrutierung

Da Start-ups vor anderen Herausforderungen stehen, andere Möglichkeiten haben, und da dort die Rekrutierungsprozesse anders ablaufen als in Großunternehmen, sind empirische Erkenntnisse und Empfehlungen für die Praxis nicht unbedingt ohne Anpassung von Großunternehmen auf Start-ups übertragbar (Leung et al., 2003).

Der Kampf um Talente ist für Start-ups besonders hart. Da sie (noch) klein und unbekannt sind, haben sie einige Nachteile gegenüber größeren, etablierten Unternehmen (Choi & Shepherd, 2005). Sie haben begrenzte finanzielle Mittel zur Verfügung und stehen unter großem zeitlichen Druck, sodass ein großer Fokus darauf liegt, möglichst schnell und kostengünstig Bewerber:innen zu finden und auszuwählen. Es ist zudem besonders schwierig für Start-ups als attraktiver Arbeitgeber wahrgenommen zu werden. Die Arbeitsplätze in Start-ups sind in

S. Hubner-Benz, *Warum Personalführung in Start-ups anders funktioniert,* essentials, https://doi.org/10.1007/978-3-658-38947-5_3

der Regel durch hohe Arbeitsplatzunsicherheit gekennzeichnet, und die Arbeits-
zeiten sind häufig besonders lang und Gehälter vergleichsweise niedrig. Das
schmälert die Attraktivität von Arbeitsplätzen in Start-ups aus der Sicht von
Bewerber:innen.

Es gibt aber auch einige Vorteile für Start-ups. Beispielsweise ist das
Arbeitsklima häufig sehr gemeinschaftlich und familiär. Mitarbeiter:innen können
zumeist bereits sehr früh Verantwortung übernehmen, was für viele Bewer-
ber:innen die Attraktivität von Start-ups als Arbeitgeber erhöht (Tumasjan et al.,
2011).

Was in Start-ups anders ist

Da Start-ups meist noch nicht über eine Marke als Arbeitgeber („Employer Bran-
ding") verfügen, ist es für Bewerber:innen schwierig sich ein Bild von ihnen zu
machen (Tumasjan et al., 2011). Es sind noch keine detaillierten Informationen
verfügbar, die Bewerber:innen benötigen würden, um eine fundierte Bewerbungs-
entscheidung zu treffen. Es wurden noch keine Bewertungen auf Online-Plattformen
gegeben; und es gibt nicht viele andere Mitarbeiter:innen, die Auskunft geben könnten. Zudem sind das Arbeitsumfeld und die Organisationskultur gerade erst dabei
zu entstehen, sodass alle verfügbaren Informationen nur eine Momentaufnahme
darstellen. Es ist noch nicht klar, wie die Zusammenarbeit längerfristig aussehen
wird.

Aufgrund der geringen Informationen spielt es eine besonders große Rolle, wie
Bewerber:innen die Person wahrnehmen, die rekrutiert – meistens eine Person aus
dem Gründungsteam. Informationen über das Gründungsteam, wie beispielsweise
ihre Ausbildung, scheinen für Bewerber:innen wichtige Signale darüber zu sein, wie
das Start-up geführt wird, und damit, ob das Unternehmen ein attraktiver Arbeitgeber
ist (Backes-Gellner & Werner, 2007; Moser et al., 2017). Die Person, die rekrutiert,
ist im Normalfall die einzige Informationsquelle für Bewerber:innen, um sich ein
Bild von ihrem potenziellen Arbeitsumfeld zu machen.

Bewerber:innen bewerten daher das Start-up auf der Grundlage ihrer Wahrnehmung der Gründer:innen, die sie während des Rekrutierungsprozesses kennenlernen
(Backes-Gellner & Werner, 2007; Moser et al., 2017). Auch bei der Rekrutierung
für größere, etablierte Unternehmen beeinflusst die Wahrnehmung des Verhaltens
und der Eigenschaften der Person, die rekrutiert, maßgeblich die Rekrutierungsergebnisse (Chapman & Webster, 2006; Wilhelmy et al., 2016, 2019). In Start-ups ist
die Wahrnehmung der rekrutierenden Gründer:innen allerdings noch wichtiger. Im
Falle einer Einstellung werden die Gründer:innen die Führungskräfte für ihre Bewer-
ber:innen. Zudem prägen sie das ganze Unternehmen und die Zusammenarbeit im
Unternehmen.

Allerdings werden Gründer:innen von Bewerber:innen nicht „objektiv" bewertet. Inwiefern Start-ups in der Lage sind Bewerber:innen zu überzeugen, hängt auch davon ab, ob die rekrutierende Person den Überzeugungen und Erwartungen der Bewerber:innen entspricht. Bewerber:innen haben meistens eine klare Vorstellung davon, was aus ihrer Sicht in einem Start-up „typisch" ist. Sie haben ein „Stereotyp" wie eine Führungskraft in einem Start-up aussieht, und wie sie sich verhält (Rudic et al., 2021). Ob die rekrutierende Gründer:in diesem Stereotyp entspricht, beeinflusst daher, ob das Start-up von Bewerber:innen als attraktiver Arbeitgeber wahrgenommen wird oder nicht (Hubner et al., 2021b).

Wie Stereotype die Arbeitgeberattraktivität eines Start-ups beeinflussen
Im Start-up-Recruitment spielen die Eigenschaften der Gründer:innen, die leicht wahrnehmbar sind, eine große Rolle. Umfangreiche Forschung hat in verschiedenen Kontexten gezeigt, dass Personen besser bewertet werden, wenn sie dem Stereotyp, also den Erwartungen anderer Personen, entsprechen (Eagly & Karau, 2002; Heilman, 2012; Hentschel et al., 2019). Das geschieht zumeist auf unbewusste Weise. Insbesondere sichtbare Merkmale wie Alter, Geschlecht und ethnische Zugehörigkeit der Gründer:in, die rekrutiert, beeinflussen die Entscheidung der Bewerber:innen, sich um eine Stelle zu bewerben. Manche Gründer:innen entsprechen den Überzeugungen und Erwartungen darüber was für eine Führungskraft in einem Start-up typisch ist, mehr als andere (Rudic et al., 2021).

In meiner Forschung habe ich die Überzeugungen und Erwartungen untersucht, die potenzielle Bewerber:innen bezüglich Gründer:innen in Führungsrollen haben. Gemeinsam mit Kolleg:innen habe ich zunächst eine Interviewstudie durchgeführt, die zeigt, welches Verhalten und Aussehen potenzielle Bewerber:innen bei einer Führungskraft in einem Start-up als typisch erachten (Rudic et al., 2021). In dieser Studie haben potenzielle Bewerber:innen beschrieben, wie sie sich Gründer:innen vorstellen, die für einen Arbeitsplatz in ihrem Start-up rekrutieren. Anschließend haben wir eine Experimentalstudie durchgeführt, um herauszufinden, wie sich diese Erwartungen im Start-up-Rekrutierungsprozess auswirken (Hubner et al., 2021b). In dieser Studie haben Teilnehmer:innen die Attraktivität von Start-ups als Arbeitgeber bewertet, deren rekrutierende Gründer:innen sich in Führungsstil, Alter, und Geschlecht unterschieden.

Unsere Ergebnisse aus der Interviewstudie (Rudic et al., 2021) zeigen, dass die Stereotype der Bewerber:innen mit bestimmten Führungsverhaltensweisen verbunden sind, die bei Gründer:innen erwartet werden. Zudem wurden Gründer:innen mit bestimmten demografischen Gruppen assoziiert. Wir haben drei Kategorien von Stereotypen identifiziert. Wir nennen sie den ‚Hustler', den ‚Hipster' und den ‚Hacker'. Alle drei Kategorien sind mit einem Start-up-typischen Führungsstil verknüpft, dem

„Entrepreneurial Leadership" Style (siehe auch Abschn. 4.1). Der Entrepreneurial Leadership Style umfasst mehrere Verhaltensweisen: Die Führungskraft fokussiert darauf neue Ideen und kreative Lösungen zu entwickeln, sie hat eine klare Vision und drückt Leidenschaft aus, und sie fordert Beschäftigte heraus und fordert sie auf, von ihnen herausgefordert zu werden. Diese Fähigkeiten und Verhaltensweisen werden von einer Führungskraft im Start-up generell erwartet. Es gab aber unterschiedliche Vorstellungen davon, wie eine Person das genau umsetzt. Der Stereotyp „Hustler" wurde als eine Person beschrieben, die Risiken eingeht und den Ton angibt; der „Hipster" wurde als innovativer und kreativer Weltverbesserer gesehen; der „Hacker" ist die Person mit dem Tech-Fachwissen.

Alle drei Stereotype, der ‚Hustler', der ‚Hipster' und der ‚Hacker', wurden in unserer Befragung indirekt als junge Männer beschrieben (z. B. wurde erwähnt, dass die Person „Anzug trägt" oder „einen Bart hat" etc.). Nur wenige Studienteilnehmer:innen erwähnten, dass es auch eine Frau sein könnte. Für diesen Fall nannten sie dann zusätzliche Kriterien, beispielsweise, dass das Start-up bestimmt in einer weiblich stereotypisierten Branche tätig ist (Schuhe, Kosmetik etc.), und dass es eine besonders starke, taffe Frau sein müsste. Diese Ergebnisse stimmen mit den Ergebnissen anderer Studien überein, die stabile Genderstereotype in der Gesellschaft zeigen (Hentschel et al., 2019).

In der weiterführenden Experimentalstudie (Hubner et al., 2021b) haben wir untersucht, wie es sich im Bewerbungsprozess auswirkt, ob Gründer:innen zu dem Stereotyp passen. Konkret haben wir untersucht, ob ein Start-up (beschrieben in einem hypothetischen Szenario) als attraktiverer Arbeitgeber wahrgenommen wird, wenn Gründer:innen Ähnlichkeit mit dem Stereotyp „ein junger Mann mit einem Entrepreneurial Leadership Style" haben. Es hat sich gezeigt, dass Gründer:innen, die mit den Verhaltensweisen des Entrepreneurial Leadership Style beschrieben wurden, authentischer wahrgenommen wurden, und dass sich das positiv auf die Attraktivität des Unternehmens als Arbeitgeber auswirkte. Dieser Effekt war besonders stark, wenn die Person, die für das Start-up rekrutiert, jung war – das Geschlecht hat diesen Zusammenhang dagegen nicht beeinflusst. Unsere Ergebnisse zeigen also, dass ein Entrepreneurial Leadership Style die Attraktivität eines Start-ups als Arbeitgeber erhöhen kann, insbesondere bei jungen Gründer:innen – wohingegen das Geschlecht in unseren Experimentaldaten keinen Unterschied machte.

Gründer:innen sollten daher vor Beginn ihrer Rekrutierungsaktivitäten bewusst entscheiden, ob sie ihren Führungsstil und ihre demografischen Merkmale betonen wollen, und wer in ihrem Team für die Rekrutierung neuer Mitarbeiter:innen zuständig sein sollte. Bei dieser Entscheidung sollten sie überlegen, wer die besten Rekrutierungsergebnisse erzielen kann, und wie diese Person auftreten und sich verhalten sollte. Dabei lohnt es sich zu berücksichtigen, wer im Team einen Entrepreneurial Leadership Style hat und wer am ehesten als authentisch wahrgenommen werden könnte. Ich möchte an dieser Stelle betonen, dass ein Entrepreneurial Leadership Style erlernbar ist und zahlreiche weitere positive Auswirken haben kann (siehe auch Abschn. 4.1).

3.2 Personalentwicklung

Personalentwicklung ist ein weiterer Weg, um wertvolle Humanressourcen zu schaffen, die die Grundlage für Wettbewerbsvorteile bilden (Hatch & Dyer, 2004; Lin et al., 2017). Personalentwicklung kann auch als eine Alternative zur Rekrutierung hochqualifizierter Mitarbeiter:innen gesehen werden.

In Start-ups ist Personalentwicklung häufig unausgereift und reaktiv (Nolan & Garavan, 2016). Wenn Personalentwicklung überhaupt vorhanden ist, heißt das oft nur, dass gelegentlich eine schnelle Schulung stattfindet, „wenn's brennt". Wenn Personalentwicklung stattfindet, dann hauptsächlich informell am Arbeitsplatz (Harney & Dundon, 2006). Zwar nehmen Mitarbeiter:innen in Start-ups häufig an Seminaren teil, beispielsweise als Training für Qualitätsmanagement, Kundenorientierung und Soft Skills, sie nutzen aber vor allem ihre Netzwerke, um informell voneinander zu lernen (Skinner et al., 2003). Schulungen werden selten strategisch geplant, sondern reaktiv ausgewählt, wenn Probleme oder Wissenslücken festgestellt werden. In der Regel werden sie nicht oder nur informell evaluiert (Hill & Stewart, 2000). Lern- und Entwicklungsansätze scheinen am besten zu passen, wenn sie auf Experimenten, Reflexion und Teamlernen basieren (Sadler-Smith et al., 2000). Die Entwicklung von psychologischen Faktoren, beispielsweise die Förderung von Widerstandsfähigkeit, steht im Vordergrund (Tang, 2020).

Dennoch ist Personalentwicklung in Start-ups bereits nach der Einstellung der ersten Mitarbeiter:innen wichtig, da auch Start-ups auf kompetentes Personal angewiesen sind und spezifisches Humankapital entwickeln müssen (Unger et al., 2011). Start-ups brauchen einen Personalentwicklungsansatz, der zur Flexibilität, Dynamik und Informalität, die den Arbeitsalltag in Start-ups kennzeichnen, passt. Best-Practices größerer Organisationen „nachzuahmen" scheint für Start-ups unmöglich. Eine umfangreiche Schulungsplanung, -implementierung, und -evaluation ist schwierig, wenn Ressourcen fehlen, das Umfeld dynamisch ist und Zielsetzungen noch unklar sind bzw. sich laufend verändern (Messersmith & Guthrie, 2010). In Start-ups ist es oft nicht möglich ein konkretes Ziel oder eine

Strategie für Personalentwicklung zu definieren, da sich ihre Märkte, Geschäftsmodelle und Organisationsstrukturen erst noch entwickeln müssen, sodass unklar ist, welche Kompetenzen langfristig besonders wichtig sein werden.

Für diese Situation beschrieb Sarasvathy (2001, 2009) „Effectuation" (siehe auch Abschn. 4.2) als eine Entscheidungslogik, die von Gründer:innen angewandt wird (Wiltbank et al., 2009). Effectuation orientiert sich an vorhandenen Ressourcen und setzt auf Partnerschaften. Effectuation nutzt Unsicherheiten zum eigenen Vorteil und geht das Risiko ein, Verluste zu machen, solange das Überleben nicht in Gefahr ist. Dem gegenüber steht „Causation". Causation orientiert sich an vorab definierten Zielen und Wettbewerbsanalysen. Causation versucht Unsicherheiten zu vermeiden und strebt Gewinnmaximierung an. Effectuation und die damit einhergehende Flexibilität scheint der Unsicherheit und Dynamik des Umfelds in einem Start-up besser gerecht zu werden als Causation.

Meine Forschung zeigt, dass Effectuation auch Entscheidungen im Rahmen der Personalentwicklung in Start-ups beschreibt. Ich habe mit meinem Koautor eine Interviewstudie durchgeführt, in der wir Start-ups zu Lernmöglichkeiten in ihrem Unternehmen befragt haben, beispielsweise zu Schulungen und Trainings, aber auch zum Austausch unter ihren Beschäftigten und zum Austausch in ihren Netzwerken (Hubner & Baum, 2018b).

Es hat sich gezeigt, dass in Start-ups nicht unbedingt konkrete Ziele Auslöser für Personalentwicklungsmaßnahmen sind, wie es in etablierten Unternehmen üblich ist. Stattdessen entsteht Personalentwicklung auf Basis einer Reflexion über vorhandene Lernmöglichkeiten. Mitarbeiter:innen nehmen an Schulungen teil, wenn sie sich für ein Thema interessieren oder von etwas fasziniert sind, auch wenn noch nicht ganz klar ist, wie die neuen Kompetenzen genutzt werden können. Oft wird erst rückblickend überlegt, was mit dem neuen Wissen, den neuen Fähigkeiten oder den neuen Ideen angefangen werden kann. Zudem wurde in unserer Studie deutlich, dass in Start-ups Lernmöglichkeiten und Interessen der Mitarbeiter:innen als „Ressourcen" betrachtet werden. Nach einem Seminar, einer Konferenz oder einem anderen Austausch werden Mitarbeiter:innen ermutigt, das Gelernte mit ihren Kollegen:innen zu diskutieren und zu überlegen, was daraus gemacht werden kann. Auf diese Weise versuchen Start-ups das entstandene Wissen in der gesamten Belegschaft zu verbreiten. Neue Kompetenzen können dann als Grundlage für weitere Geschäftsmodellentwicklung dienen. Da in diesem Prozess die Interessen der Mitarbeiter:innen stark berücksichtigt werden, haben sie hier die Möglichkeit, das Unternehmen mitzugestalten. Unsere Studie hat zudem gezeigt, dass Start-ups Learning-by-doing, exploratives Ausprobieren und den intensiven Austausch mit externen Partner:innen fördern, um

Lernen anzuregen. Diese informelle Kommunikation wird hier als eine Möglichkeit gesehen, die Weiterentwicklung der Kompetenzen der Mitarbeiter:innen ohne großen Ressourcenaufwand zu unterstützen. Außerdem verlassen sich Start-ups häufig auf Weiterbildungsempfehlungen aus ihrem Netzwerk. Mit diesem Ansatz versuchen sie sicherzustellen, dass vorhandene Lernmöglichkeiten genutzt werden.

Aus meiner Sicht kann diese Art der Personalentwicklung in Start-ups als „strategisch" angesehen werden, obwohl sie sehr informell abläuft und auf den ersten Blick willkürlich erscheint. Diese Vorgehensweise passt zur Situation in Start-ups, die informell und dynamisch agieren. Auf der Grundlage unserer Analyse gehe ich davon aus, dass die „Effectuation"-Herangehensweisen nicht aufgrund unterentwickelten Fachwissens in Bezug auf Personalentwicklungsthemen entstehen, sondern für den Start-up-Kontext tatsächlich geeigneter sind, als die starren Prozesse, die in etablierten Unternehmen üblich sind.

Personalführung in Start-ups

4

Neben Rekrutierung und Personalentwicklung spielt auch Personalführung eine große Rolle für den Erfolg von Start-ups, obwohl die Relevanz von Personalführung von Gründer:innen häufig unterschätzt wird. Wenn Start-ups Mitarbeiter:innen einstellen, werden Personen aus dem Gründungsteam zur Führungskraft. Für viele Gründer:innen ist die Führung von Mitarbeiter:innen eine neue und schwierige Aufgabe (Kempster & Cope, 2010). Häufig sind sie für Führungsaufgaben nicht ausgebildet, und sie erkennen die Relevanz, sich mit Führungsthemen zu beschäftigen, erst sehr spät. Einige wollen nicht unbedingt Führungskraft werden, sie stellen aber dennoch Mitarbeiter:innen ein, um die Kapazitäten zu erhöhen. Wenn Gründer:innen Führungsaufgaben übernehmen, ist es aber von zentraler Bedeutung, dass sie sich tatsächlich als Führungskraft verstehen. Dadurch ist es deutlich wahrscheinlicher, dass sie effektiv und positiv Einfluss auf die Mitarbeiter:innen nehmen können (Johnson et al., 2012).

4.1 Führungsstile

Zahlreiche Studien haben sich mit der Frage befasst, welcher Führungsstil in Start-ups am besten passt. Im Folgenden stelle ich Führungsstile vor, die für die Herausforderungen in Start-ups besonders geeignet sind.

Transformationale und transaktionale Führung
Es gibt einige Führungskonzepte, die mit dem Anspruch entwickelt wurden, über verschiedene Kontexte hinweg effektiv zu sein. Transformationale Führung (Bass & Riggio, 2010) ist der am häufigsten untersuchte Führungsstil in der Führungsliteratur und wurde in einer Vielzahl an Ländern und Kontexten, inklusive dem Start-up-Kontext, untersucht. Transformationale Führung hat sich tatsächlich in sehr vielen

S. Hubner-Benz, *Warum Personalführung in Start-ups anders funktioniert*, essentials, https://doi.org/10.1007/978-3-658-38947-5_4

Tab. 4.1
Transformationale und
transaktionale Führung

Transformational	Transaktional
Vermittelt eine inspirierende Vision	Äußert Erwartungen
Ermutigt dazu, den Status quo infrage zu stellen	Setzt klare Ziele
Fungiert als Vorbild	Kontrolliert die Ergebnisse
Fungiert als individueller Coach oder Mentor	Belohnt abhängig von der Leistung

verschiedenen Kontexten und in verschiedenen Ländern als erfolgversprechend erwiesen (House et al., 2004).

Transformationale Führung (Bass & Riggio, 2010) ist durch die Kommunikation einer inspirierenden Vision gekennzeichnet und die Führungskraft fungiert als Vorbild. Zudem gehören die Offenheit für Ideen von Beschäftigten, Charisma sowie die Stimulierung intellektueller Fähigkeiten und intrinsischer Motivation zu den Verhaltensweisen der transformationalen Führung. Transformationale Führung wird üblicherweise der transaktionalen Führung gegenübergestellt (siehe Tab. 4.1). Transaktionale Führung charakterisiert das Setzen klarer Ziele und eine geringe Toleranz gegenüber Fehlern. Hier wird Führung als „Austausch" zwischen Führungskraft und Mitarbeiter:in verstanden, das heißt die Führungskraft gibt vor was zu tun ist und Mitarbeiter:innen werden belohnt, wenn sie sich an die Vorgaben gehalten haben.

Mit zunehmender Aufgabenkomplexität und Veränderungsgeschwindigkeit wird transformationale Führung besonders wichtig und transaktionale Führung ungeeignet (Bass & Riggio, 2010). Da im Start-up typischerweise eigene Ideen und Kreativität von den Mitarbeiter:innen gefordert sind, und eine hohe Dynamik und Komplexität vorherrschen, sind in diesem Kontext die transformationalen Verhaltensweisen besser geeignet als die transaktionalen (Ensley et al., 2006). Durch die Dynamik im Start-up ist eine langfristige konkrete Zielsetzung und das Festsetzen von konkreten Anreizen schwierig oder gar unmöglich (Sarasvathy, 2001). Es ist daher wichtig, Mitarbeiter:innen ohne konkrete Anreize für die Arbeit im Start-up zu begeistern. Transformationale Führung zielt genau darauf ab. Die Motivation der Mitarbeiter:innen wird geweckt, indem sie verstehen, warum ihre Tätigkeiten wichtig sind, sodass sie aus eigenem Antrieb Probleme lösen und Herausforderungen bewältigen können (Bass & Riggio, 2010). Das funktioniert dann besonders gut, wenn sie die Möglichkeit bekommen, sich selbst einzubringen, und zu verstehen, wie ihre eigene Arbeit zum Erfolg des Start-ups beiträgt (Ensley et al., 2006).

Dann können sie erkennen, inwiefern ihre selbst entwickelten Ideen Einfluss auf die Entwicklung des Start-ups nehmen. Transformationale Führung ermöglicht den Mitarbeiter:innen eine individuelle Mitgestaltung und sie werden in ihrer eigenen Entwicklung unterstützt. Im Start-up kann das bedeuten, dass die Mitarbeiter:innen mit ihren Rollen und der Verantwortung im gleichen Maße wachsen wie das Start-up als Ganzes.

Entrepreneurial Leadership
Um ein Konzept zu entwickeln, das speziell auf den Start-up-Kontext zugeschnitten ist, haben Renko et al. (2015) untersucht welches Führungsverhalten von erfolgreichen Gründer:innen gezeigt wird. Nach den Ergebnissen dieser Studie steht das Ziel im Vordergrund, die Mitarbeiter:innen so zu beeinflussen, dass gemeinsam unternehmerische Möglichkeiten erkannt und genutzt werden können. Die Entwicklung einer Vision hat sich hier, genau wie bei transformationalem Führungsverhalten, als zentrales Element gezeigt. Zudem wurde deutlich, dass es für Gründer:innen wichtig ist ihre Risikobereitschaft zu zeigen. Darüber hinaus scheint es für Gründer:innen nicht nur bedeutsam zu sein die eigene Begeisterung gegenüber den Mitarbeiter:innen auszudrücken, sondern auch die eigene Hartnäckigkeit. Um die Erkundung von neuen Möglichkeiten voranzutreiben, ist es für Gründer:innen zudem wichtig, dass sie selbst kreative Lösungen vorschlagen und dass sie die Mitarbeiter:innen zu innovativem Denken und Handeln anregen. Im Start-up sind also, neben der Vision und Begeisterung, auch Risikobereitschaft, Hartnäckigkeit und Kreativitätsförderung von zentraler Bedeutung.

Entrepreneurial Leadership nach Renko et al. (2015)
Eine Führungskraft mit einem Entrepreneurial Leadership Style:

- ist kreativ und visionär
- entwickelt häufig neue Ideen für Produkte und/oder Dienstleistungen mit Verkaufspotenzial
- übernimmt Risiko
- ist hartnäckig, aber auch geduldig und flexibel
- empfindet und zeigt Begeisterung für die eigene Arbeit
- fordert ihre Mitarbeiter:innen heraus und ermutigt zu Innovation
- erwartet, dass die Mitarbeiter:innen die aktuellen Vorgehensweisen infrage stellen

Ambidextrous Leadership

Ein weiterer Führungsstil, der für den Start-up-Kontext passend erscheint, ist „Ambidextrous Leadership". Er beschreibt, welches Führungsverhalten effektiv ist, um mit den Herausforderungen umzugehen, die in Innovationsprozessen auftreten. In Start-ups, die durch innovative Ideen entstehen, sind Innovationsprozesse Kernaktivitäten.

Bei der Entwicklung und Umsetzung von Innovationen sind Start-ups mit widersprüchlichen Anforderungen konfrontiert. Spannungen, Paradoxien und Dilemmata treten auf, weil Innovation neben der Erforschung neuer Ideen auch die Nutzung dieser Ideen erfordert (Bledow et al., 2009). Die Handlungen, die für das Erforschen von neuen Ideen notwendig sind, stehen im Widerspruch zu den Handlungen, die für das Implementieren der Ideen notwendig sind. Die Erforschung neuer Ideen erfordert Kreativität und die Betrachtung eines Sachverhalts aus verschiedenen Perspektiven. Es ist dabei notwendig, in viele verschiedene neue Richtungen zu denken, ohne im jeweiligen Moment zu wissen oder infrage zu stellen, ob eine Idee umsetzbar und erfolgversprechend sein könnte. Um Ideen dann implementierbar zu machen, muss die Umsetzbarkeit allerdings analysiert werden. Es muss dann eine einzige Idee selektiert werden, um sich auf einen konkreten, erfolgversprechenden Lösungsansatz festzulegen. Um kreative Ideen nutzbar zu machen, zu implementieren, muss also ein klarer Fokus gesetzt werden, der dem kreativen Erforschen in verschiedene Richtungen entgegensteht.

Es gibt zwei Strategien, um mit diesen Widersprüchen umzugehen (Bledow et al., 2009). Eine Strategie konzentriert sich auf die Trennung der widersprüchlichen Aktivitäten, indem sie in verschiedene Teile der Organisation verlagert werden, z. B., in unterschiedliche Abteilungen. Die andere Strategie schlägt vor, die widersprüchlichen Aktivitäten zu integrieren. Um Innovationen voranzutreiben, ist es wichtig, eine Synthese der Aktivitäten zu erreichen, also die zweite Strategie zu verfolgen, die das Integrieren in den Vordergrund stellt. Beim Implementieren von ersten Ideen entstehen neue, konkretere Ideen. Die Umsetzbarkeit dieser Ideen muss wiederum infrage gestellt werden, damit weitere neue Ideen entstehen können (Bledow et al., 2009). Die Tätigkeiten sind also widersprüchlich und lassen sich dennoch nicht komplett voneinander trennen.

Die Fähigkeit widersprüchliche Tätigkeiten miteinander zu integrieren, wird als „Ambidexterity" bezeichnet (Bledow et al., 2009). Da Mitarbeiter:innen in Start-ups maßgeblich an der Entwicklung von Innovationen beteiligt sind, die das Erkunden neuer Ideen und deren Implementierung erfordern, ist eines der wichtigsten Ziele der Führung in Start-ups, Ambidexterity bei den Mitarbeiter:innen zu fördern.

Ambidextrous Leadership beschreibt einen Führungsstil, der die Integration der widersprüchlichen Tätigkeiten, die mit Innovation verbunden sind, unterstützt.

Ambidextrous Leadership kombiniert „öffnende Führung" und „schließende Füh-rung". Zur öffnenden Führung gehört es, dass die Führungskraft Mitarbeiter:innen auffordert, Dinge infrage zu stellen, kreativ zu sein, und neue Ideen einzubringen. Hier werden von der Führungskraft alternative Vorgehensweisen zugelassen, unab-hängiges und kritisches Denken gefördert, zur Risikobereitschaft motiviert und das Lernen aus Fehlern unterstützt (Rosing et al., 2011). Zur schließenden Führung zählt dagegen, dass die Führungskraft finale Entscheidungen trifft, und sicher-stellt, dass sich Mitarbeiter:innen mit konkreten Lösungen beschäftigen, die mit den getroffenen Entscheidungen im Einklang sind. Hier wird von der Führungskraft die Zielerreichung kontrolliert, spezifische Richtlinien festgelegt, Korrekturmaßnah-men ergriffen und an Routinen festgehalten (Rosing et al., 2011). Ambidextrous Leadership kombiniert diese beiden Arten der Führung, öffnend und schließend. Da Ambidextrous Leadership die Kombination von Erkundung und Nutzung neuer Ideen zum Ziel hat, beispielsweise in verschiedenen Phasen, kann dies als ein geeigneter Führungsstil für Start-ups gesehen werden.

Es kann davon ausgegangen werden, dass sich Ambidextrous Leadership positiv auf die Innovationsfähigkeit auswirkt, indem die unterschiedlichen Aspekte des Innovationsprozesses gefördert werden, da bei einer Kombination aus öffnender und schließender Führung die höchste Innovationsleistung erwartet werden kann (Rosing et al., 2011).

Ambidextrous Leadership nach Rosing et al. (2011)

- Ambidextrous Leadership beschreibt einen Führungsstil, der die gegen-sätzlichen Anforderungen, die Teil von Innovationsprozessen sind, miteinander kombiniert.
- Ambidextrous Leadership kombiniert „öffnendes" und „schließendes" Führungsverhalten.
- Öffnende Führung: Verschiedene Wege der Aufgabenbewältigung zulas-sen, Ermutigen mit verschiedenen Ideen zu experimentieren, zur Risiko-übernahme motivieren, Möglichkeiten geben unabhängig zu denken und zu handeln, Raum für eigene Ideen der Mitarbeiter:innen geben, Fehler zulassen und ermutigen aus Fehlern zu lernen

- Schließende Führung: Zielerreichung überwachen und kontrollieren, Routinen entwickeln, korrigierend eingreifen, Regeleinhaltung überwachen, Zielerreichung vereinheitlichen, Fehler sanktionieren, an Plänen festhalten

4.2 Unternehmerische Entscheidungslogiken und unternehmerische Leidenschaft

Das Führungsverhalten von Gründer*innen unterscheidet sich auch deswegen von Führung in anderen Kontexten, weil Gründer*innen ganz spezifische Eigenschaften haben. Zum einen entscheiden sich Personen mit bestimmten Eigenschaften häufiger für eine Gründung als andere (Selbst-Selektion), zum anderen entwickeln Gründer:innen bestimmte Eigenschaften durch einen Lern- und Sozialisierungsprozess im Start-up-Umfeld.

Diese Eigenschaften, die für Gründer:innen typisch sind, können ihnen bei ihren Führungsaufgaben nutzen, aber auch zum Verhängnis werden. Beispielsweise haben Gründer:innen typischerweise eine große Begeisterung für ihre Tätigkeiten im Unternehmen, für das Erfinden neuer Produkte oder für die Entwicklung und den Aufbau ihres Unternehmens (Cardon et al., 2013). Wenn sie diese Begeisterung gegenüber ihren Mitarbeiter:innen zeigen, kann sich diese Begeisterung übertragen (Breugst et al., 2012; Cardon, 2008; Hubner et al., 2020). Eine sehr flexible Zielsetzung, die ebenfalls typisch für Gründer:innen ist, kann sich dagegen, gerade im dynamischen und unsicheren Start-up-Kontext, negativ auf Beschäftigte auswirken. Häufige Änderungen in der Strategie und den Zielen können bei den Mitarbeiter:innen zu Verunsicherung und Verwirrung führen.

In meiner Forschung habe ich untersucht, wie bestimmte Entscheidungslogiken (Effectuation) und Emotionen (Unternehmerische Leidenschaft), die typisch für Gründer:innen sind, ihr Führungsverhalten beeinflussen.

Unternehmerische Entscheidungslogiken: Effectuation
Umfangreiche Forschung hat gezeigt, dass Gründer:innen anders Entscheidungen treffen als Manager:innen in etablierten Unternehmen. Wie bereits in Abschn. 3.2 erwähnt, beschreibt „Effectuation" (Sarasvathy, 2001, 2009) eine spezifische Entscheidungslogik, die bei Gründer:innen identifiziert wurde, und die für das dynamische und unsichere Umfeld im Start-up passend erscheint. Diese kann sich auch im Führungsverhalten der Gründer:innen widerspiegeln (Hubner & Baum, 2018a).

Effectuation umfasst Entscheidungslogiken, die auf Kontrolle statt auf Vorhersage setzen. Anstatt konkrete Prognosen zu entwickeln, wird in kleinen kontrollierbaren Schritten agiert. Effectuation verfolgt einen dynamischen und nichtlinearen Prozess. Um die Spezifika zu verdeutlichen, wird Effectuation in der Regel im Gegensatz zu „Causation" beschrieben. Dieser Gegensatz lässt sich anhand von vier Dimensionen aufzeigen (Sarasvathy, 2001, 2009). Causation fokussiert auf Planung und Strategieentwicklung, während Effectuation Flexibilität und Experimentierfreude priorisiert. Alle Dimensionen sind in Tab. 4.2 gegenübergestellt. Wichtig ist, dass Effectuation und Causation auch in Kombination angewendet werden können (Reymen et al., 2015).

In Abschn. 3.2 habe ich bereits erläutert, wie Personalentwicklung in Start-ups ablaufen kann, wenn sie auf Effectuation beruht (Hubner & Baum, 2018b). Effectuation und Causation können sich aber nicht nur in der Personalentwicklung, sondern auch im Führungsverhalten von Gründer:innen wiederfinden. Um die Führungsverhaltensweisen, die auf Effectuation vs. Causation beruhen, gegenüberzustellen, habe

Tab. 4.2 Effectuation vs. Causation (Sarasvathy, 2001, 2009)

	Effectuation	Causation
Eventualitäten nutzen vs. vermeiden	Betrachtet Eventualitäten als Chancen, die genutzt und nicht vermieden werden sollten	Entwickelt Prognosen, um unerwartete Eventualitäten zu vermeiden
Ressourcen- vs. Zielorientierung	Geht von den zur Verfügung stehenden Mitteln aus, einschließlich der eigenen Identität (Wer bin ich?), des eigenen Wissens (Was weiß ich?) und eigener Netzwerke (Wen kenne ich?), und berücksichtigt alle möglichen Auswirkungen	Beginnt mit der Definition eines vordefinierten Ziels (Was soll ich tun?)
Vertretbarer Verlust vs. Ertragsmaximierung	Konzentriert sich auf die Minimierung des Risikos, indem der maximal vertretbare Verlust in Betracht gezogen wird	Konzentriert sich auf die Maximierung der erwarteten Erträge
Allianzen vs. Wettbewerb	Geht Vorabverpflichtungen mit potenziellen Partnern:innen ein, der Schwerpunkt liegt auf dem Aufbau von Allianzen	Analysiert den Markt und zielt darauf ab im Wettbewerb erfolgreich zu sein

ich gemeinsam mit meinem Koautor in einem konzeptionellen Artikel die Erkenntnisse über Effectuation mit Erkenntnissen aus der Führungsliteratur verknüpft (Hubner & Baum, 2018a).

Wenn Gründer:innen in ihrem Führungsverhalten eine Causation-Logik anwenden, konzentrieren sie sich darauf, konkrete Ziele zu setzen. Das heißt, dass sie eine zielorientierte Vision formulieren, Anreize setzen und konkrete Pläne für die Zukunft entwickeln. Das kann einige Vorteile haben. Durch klare Ziele können sie bei Mitarbeiter:innen eine optimistische Sicht auf die Zukunft hervorrufen. Durch die Formulierung eines konkreten Plans können sie mitteilen, wohin sie das Unternehmen führen wollen, sodass Mitarbeiter:innen wissen, was sie zu tun haben, obwohl das Umfeld informell und dynamisch ist. Jedoch könnte die Kreativität der Mitarbeiter:innen durch klare Vorgaben behindert werden. Strenge Vorgaben können das Experimentieren der Mitarbeiter:innen, das in Start-ups von großer Bedeutung ist, einschränken und dem Lernen aus Fehlern entgegenwirken.

Wenn Gründer:innen in ihrem Führungsverhalten eine Effectuation-Logik anwenden, verfolgen sie eine ressourcenorientierte Logik. Dadurch sehen sie ihre Mitarbeiter:innen als Mitgestalter:innen ihres Unternehmens. Sie versuchen ihre Kompetenzen zu nutzen und lassen sie experimentieren. Dabei setzen sie viel Vertrauen in die Kompetenzen, Ideen und Entscheidungen ihrer Mitarbeiter:innen. Wenn Mitarbeiter:innen selbst mitgestalten, ist es wahrscheinlich, dass sie während ihrer Arbeit eine Bindung mit dem Unternehmen entwickeln und Sinnhaftigkeit erleben, oder dass sie das Unternehmen sogar in ihr Selbstbild integrieren. Dies kann ihr Engagement und ihre intrinsische Motivation fördern, und auch ihre Kreativität anregen (Hubner & Baum, 2018a).

Unternehmerische Leidenschaft
Zahlreiche Studien zeigen, dass Gründer:innen im Gründungsprozess starke positive Emotionen empfinden, die als „unternehmerische Leidenschaft" bezeichnet werden können. Unternehmerische Leidenschaft ist ein intensives positives emotionales Erlebnis, das von Personen empfunden wird, die sich an unternehmerischen Aktivitäten beteiligen. Bei Gründer:innen wurde unternehmerische Leidenschaft gezeigt, die sich auf das Erfinden, das Gründen oder das Weiterentwickeln eines Unternehmens bezieht (Cardon et al., 2013). Wenn Gründer:innen intensive positive Emotionen bei ihren unternehmerischen Tätigkeit erleben, integrieren sie diese Aktivitäten im Laufe der Zeit in ihr Selbstbild. Das bedeutet, dass die Rolle als Unternehmer:in oder Gründer:in für sie als Teil der eigenen Identität bedeutungsvoll wird (Cardon et al., 2013). Unternehmerische Leidenschaft wirkt sich bei Gründer:innen positiv aus, sie haben eine höhere Selbstwirksamkeit, haben mehr Erfolg bei der Kapitalakquise, und sind generell erfolgreicher (Newman et al., 2021).

Leidenschaft ist im Start-up besonders wichtig, weil dort lange Ausdauer in widrigen, stressigen und unvorhersehbaren Umgebungen gefordert, und eine höhere und kontinuierlichere Anstrengung nötig ist als bei vielen anderen Tätigkeiten – und das gilt sowohl für Gründer:innen, als auch für ihre Mitarbeiter:innen.

Unternehmerische Leidenschaft nach Cardon et al. (2013)

- Unternehmerische Leidenschaft umfasst starke positive Emotionen für die Tätigkeiten in einem Start-up und die Identität bzw. das Selbstbild als Gründer:in.
- Gründer:innen, oder auch Mitarbeiter:innen, mit unternehmerischer Leidenschaft empfinden Begeisterung und Enthusiasmus bei den Tätigkeiten im Start-up, und es ist ihnen wichtig, als eine Person gesehen zu werden, die sich in einem Gründungsvorhaben engagiert.
- Zu den Tätigkeiten, die unternehmerische Leidenschaft auslösen, gehört das Erfinden bzw. Entwickeln von neuen Produkten oder Dienstleistungen, das Gründen selbst, inklusive Kapitalakquise und Anwerben erster Kund:innen sowie der Aufbau des Unternehmens, das heißt das Organisieren des Wachstums.

Die meisten Gründer:innen empfinden ein hohes Maß an Leidenschaft und zeigen die starken positiven Emotionen, die sie für die Tätigkeiten im Start-up empfinden, nach außen, sodass sie sich übertragen können (Breugst et al., 2012; Cardon, 2008). Ich habe untersucht, inwiefern sich die unternehmerische Leidenschaft der Gründer:innen dadurch positiv auf deren Mitarbeiter:innen im Start-up auswirkt. Konkret bin ich mit meinen Koautoren folgender Frage nachgegangen: Fördert unternehmerische Leidenschaft der Gründer:innen die Leistung der Beschäftigten in ihrem Start-up? Wir haben analysiert, ob und wie sich unternehmerische Leidenschaft auf die Mitarbeiter:innen übertragen kann, und wenn ja, wie sich das auf deren Kreativität und Arbeitsengagement auswirkt (Hubner et al., 2020).

Die kurze Antwort lautet: Ja, unternehmerische Leidenschaft färbt ab. Unsere Ergebnisse zeigen, dass Gründer:innen ihre Leidenschaft nutzen können, um die Leidenschaft ihrer Mitarbeiter:innen zu fördern und deren Bindung, Engagement und Kreativität zu steigern. Wir haben zwei Studien durchgeführt. In einer Feldstudie haben wir Gründer:innen und deren Mitarbeiter:innen mit Fragebögen befragt. In einer experimentellen Studie hat ein fiktiver Gründer (gespielt von einem Schauspieler) sein neues Produkt beschrieben und verschiedene Ansätze der Kommunikation von Leidenschaft verwendet, sodass wir deren Effekte ganz gezielt testen konnten. In den Ergebnissen hat sich gezeigt, dass die Beeinflussung der Mitarbeiter:innen auf zwei Wegen erfolgt: Der eine Weg ist wie bei einer Erkältung – der emotionale „Ansteckungseffekt". Dieser Effekt ist eine Übertragung von Emotionen, der innerhalb von Sekunden funktioniert, völlig unbewusst. Über den zweiten Weg verstehen die Mitarbeiter:innen die Bedeutung der unternehmerischen Aufgaben und Rollen.

Konzentrieren wir uns zunächst auf den ersten Weg: Der erste Weg besteht darin, dass die Mitarbeiter:innen den Enthusiasmus, die Emotionen der Gründer:innen wahrnehmen. Das hat zur Folge, dass sie motiviert sind und sich selbst enthusiastisch an den unternehmerischen Aktivitäten des Unternehmens beteiligen. Aber bedeutet das, dass sie wie ein:e Gründer:in unternehmerische Leidenschaft empfinden, obwohl sie selbst nicht Eigentümer:in des Unternehmens sind und das Unternehmen nicht gegründet haben? Grundsätzlich können sich Mitarbeiter:innen an unternehmerischen Aktivitäten beteiligen, z. B. an der Erkundung und Nutzung von unternehmerischen Chancen und der Umsetzung neuer Ideen und Innovationen. Auf Basis unserer Forschung gehen wir davon aus, dass Mitarbeiter:innen dabei, genau wie Gründer:innen, unternehmerische Leidenschaft empfinden können. Daher ist die Stimulierung einer leidenschaftlichen Reaktion bei den Mitarbeiter:innen ein wichtiger Weg, um ihren Beitrag im Unternehmen bestmöglich zu nutzen.

Der zweite Weg ist etwas komplexer. Die Mitarbeiter:innen können die Leidenschaft der Gründer:innen auch dann wahrnehmen, wenn die Gründer:innen ihre Emotionen nicht zeigen, sondern nur ihre unternehmerische Identität ausdrücken. Hierbei kommunizieren Gründer:innen auf eine weniger emotionale Weise wie wichtig ihnen ihre Tätigkeit im Start-up ist und warum ihnen das Start-up wichtig ist. Obwohl diese Art der Kommunikation weniger ausdrucksstark ist, regt sie dennoch zum Nachdenken an. Dies könnte wichtig für Gründer:innen sein, denen es unangenehm ist, Emotionen zu zeigen, zum Beispiel weil sie schüchtern oder introvertiert sind. Sie können ihre Leidenschaft dennoch vermitteln, wenn sie ihre unternehmerische Identität zum Ausdruck bringen, indem sie darüber sprechen, warum sie von der Arbeit in ihrem Unternehmen begeistert sind. Diese Rationalisierung und Versachlichung der Leidenschaft behindert jedoch den emotionalen Ansteckungseffekt.

Jedoch funktionieren die Dinge, wie so oft, nicht ganz wie erwartet: Wenn die Mitarbeiter:innen bereits eine leidenschaftliche Begeisterung für unternehmerische Tätigkeiten hatten, bevor sie mit dem Start-up in Kontakt kamen, gibt es einen „Deckeleffekt". Das heißt, für diese Mitarbeiter:innen funktioniert der

Ansteckungseffekt nicht so gut, da die Begeisterung schon vorher vorhanden war. Die Auswirkungen der Leidenschaft der Gründer:innen auf ihre Mitarbeiter:innen sind also besonders stark bei denjenigen, die sich zuvor noch nicht für unternehmerische Aktivitäten begeistern konnten. Die Leidenschaft der Gründer:innen scheint damit in der Lage zu sein, zunächst fehlende Leidenschaft der Mitarbeiter:innen auszugleichen.

Unsere Ergebnisse (Hubner et al., 2020) deuten also darauf hin, dass Gründer:innen ihre unternehmerische Leidenschaft nutzen können, um bei ihren Mitarbeiter:innen eine unternehmerische Leidenschaft zu wecken und damit ihre Bindung, ihre Kreativität, und ihr Engagement zu erhöhen. Da der unternehmerische Erfolg nicht nur von der Leistung der Gründer:innen abhängt, sondern auch von ihren Fähigkeiten das Potenzial der Mitarbeiter:innen zu nutzen, sollten diese Effekte nicht unterschätzt werden. Es kann sich für Gründer:innen auszahlen, sich immer wieder Zeit zu nehmen mit den Mitarbeiter:innen über ihre Empfindungen im und ihre Bindung mit dem Unternehmen zu sprechen, um diese so zu überzeugen und „mitzureißen".

Organisationsentwicklung in Start-ups 5

Wenn Start-ups wachsen und damit die Zahl an Beschäftigten und Kunden:innen zunimmt, brauchen sie mehr und mehr Struktur, um effizient zu bleiben. Zudem wird mehr und mehr Professionalität von ihnen gefordert, zum Beispiel von externen Stakeholdern. Es findet ein Übergang statt, von einem Start-up zu einem professionell geführten Unternehmen. In diesem Prozess müssen Strukturen und Prozesse innerhalb des Unternehmens kontinuierlich angepasst werden (Baron et al., 1996, 1999: Hannan et al., 1996). In dieser Phase entsteht eine Unternehmenskultur, die sich längerfristig auf das Unternehmen auswirkt.

Paradoxerweise streben etablierte Unternehmen häufig nach der Flexibilität, die in Start-ups vorliegt, während Start-ups danach streben mehr Struktur und Professionalität zu erreichen, die in etablierten Unternehmen vorliegen. Für große und etablierte Unternehmen ist es aufgrund von klar definierten Strukturen und Prozessen schwierig, flexibel genug zu sein, um sich an ein dynamisches Umfeld anzupassen und ihre Trägheit zu überwinden. In etablierten Unternehmen wird durch agile Arbeitsformen und interne Gründungsförderung aufwendig darauf hingewirkt, Flexibilität und Innovationskraft zu steigern. Start-ups sind dagegen aus innovativen Ideen entstanden und zunächst sehr flexibel. Genau diese Flexibilität geht aber häufig mit Unklarheiten und chaotischen Vorgängen einher, die die Effizienz in Start-ups einschränken. Daher können Start-ups davon profitieren klare Organisationsstrukturen einzuführen und zu formalisieren (Sine et al., 2006).

Nach der Gründungsphase verlagern sich Prioritäten, sodass allmählich nicht mehr die Ideenkonzeption im Vordergrund steht, sondern Fragen des Personalmanagements und die Delegation von Aufgaben wichtiger werden (Phelps et al., 2007). Wenn Start-ups wachsen, das heißt, wenn sie nach und nach Beschäftigte einstellen, nimmt die Komplexität des Personalmanagements und

S. Hubner-Benz, *Warum Personalführung in Start-ups anders funktioniert*, essentials, https://doi.org/10.1007/978-3-658-38947-5_5

die Relevanz der Personalführung zu. Es entsteht ein Druck zur Formalisierung und Professionalisierung (Baron et al., 1996, 1999).

In Start-ups gibt es häufig eine familiäre und dynamische Atmosphäre, die Gründungsteams und auch die Beschäftigten unbedingt bewahren möchten. Formalisierung und Professionalisierung, die von externen Stakeholdern gefordert werden, wirken dieser familiären und dynamischen Atmosphäre entgegen. Wenn Start-ups wachsen, entstehen Widersprüche zwischen dem Ziel durch Standardisierung die Effizienz zu steigern und der Notwendigkeit die Flexibilität beizubehalten. Zudem entstehen Spannungen zwischen dem Druck zur Formalisierung vs. dem Wunsch nach Beibehaltung der unternehmerischen informellen Organisationskultur (Cardinal et al., 2004). Das Personalmanagement muss angepasst werden, mit mehr Dokumentation und Standardisierung, beispielsweise, weil externe Interessengruppen wie Risikokapitalgeber Druck ausüben (Baron et al., 1996, 1999).

Interessant ist, dass Organisationsstrukturen, trotz häufiger Veränderungen im Wachstumsprozess, bestimmten Mustern folgen. Die Muster, die in der Anfangsphase entstehen bzw. etabliert werden, beeinflussen die Organisationsstrukturen langfristig (Baron et al., 1996, 1999). Der Fokus kann dabei beispielsweise auf der Förderung von individuellem Engagement liegen, oder auf der Entwicklung ausgefeilter Bürokratie, oder auf direkter Kontrolle der Beschäftigten; und dieser Fokus wird zumeist beibehalten. Veränderungen in diesen Mustern sind kritisch, da sie die Fluktuation erhöhen und die Leistung beeinträchtigen können. Veränderungen sind dennoch notwendig, beispielsweise, wenn neue Anforderungen und Erwartungen an das Start-up gestellt werden, wenn der Zeitdruck zunimmt, wenn Prozesse komplexer werden; und wenn das Unternehmen professioneller wahrgenommen wird bzw. professioneller wahrgenommen werden möchte.

In einer Fallstudie mit einem Münchner Start-up habe ich untersucht, wie sich Prozesse und Strukturen im Laufe der Zeit verändern (Hubner, 2022). Ich habe beobachtet, dass bei der Neuentwicklung und Veränderung von Strukturen und Prozessen immer wieder Ineffizienzen entstehen. Wenn Veränderungsdruck entsteht, bekommt die Suche nach einer Lösung entweder zu viel oder zu wenig Aufmerksamkeit. Bei zu wenig Aufmerksamkeit, wenn die Relevanz niedrig eingeschätzt wird und Mitarbeiter:innen wenig Interesse an der Entwicklung einer Lösung zeigen, entstehen unklare Zuständigkeiten. Es wird eine schnelle pragmatische Lösung gesucht, die direkt implementiert wird. Da das Umfeld allerdings in ständiger Veränderung ist, und sich meistens niemand verantwortlich fühlt, Anpassungen an der Lösung vorzunehmen, ist so eine pragmatische Lösung oft bereits nach kurzer Zeit nicht mehr effektiv. Wenn dann an der gleichen Stelle wieder Probleme auftreten, entsteht Frustration. Andererseits, wenn ein Problem sehr viel Aufmerksamkeit bekommt, führt das häufig zu „Over-engineering". Wenn viele Mitarbeiter:innen Interesse für ein Thema haben, tragen sie viele Ideen bei und es wird ein Prozess entwickelt, der versucht, die Dynamik des Umfeldes und möglichst viele Eventualitäten abzudecken. Da solche Prozesse sehr aufwendig sind, führen sie aber zu viel unnötiger Arbeit und damit wiederum zu Frustration oder zur Vernachlässigung des Prozesses, sodass dieser sehr bald nur noch auf dem Papier existiert und letztlich nicht umgesetzt wird.

Es zeigte sich aber auch, dass diese Ineffizienzen überwunden werden können, wenn Komplexität bewusst reduziert und Verantwortung explizit übergeben wird. Vorteilhaft erscheint es, wenn mit Prozessen und Strukturen experimentiert wird. Das heißt dass, wenn Strukturen eingeführt werden, sie dann dauerhaft beobachtet und iterativ an die sich ändernden Gegebenheiten angepasst werden. Um der Dynamik und Flexibilität eines Start-ups gerecht zu werden, kann es helfen, nicht nur mit dem Produkt und Marketingmaßnahmen zu experimentieren, wie es zahlreiche Frameworks vorschlagen (beispielsweise im Lean-Start-up-Ansatz, siehe Ries, 2011), sondern auch mit organisationalen Prozessen und Strukturen. Vielversprechend sind einfache Strukturen, die je nach Entwicklungsstand und aktuellem Umfeld angepasst werden. Es ist kontinuierliches Experimentieren und kontinuierliche Beobachtung notwendig, um die notwendigen Anpassungen vornehmen zu können. Einfache Strukturen, die leicht angepasst werden können, sind demnach vorteilhaft, um die entscheidende und schwierige Übergangsphase vom Start-up zum professionell geführten Unternehmen zu meistern.

Der Einfluss der Digitalisierung, Globalisierung und Diversität

6

Durch die aktuellen gesellschaftlichen und technologischen Entwicklungen sind Führung und Personalmanagement in Start-ups enorm von der Digitalisierung, Globalisierung und steigender Diversität betroffen. Daher habe ich in meiner Forschung untersucht, welche zusätzlichen Möglichkeiten und Herausforderungen sich dadurch für Führung und Personalmanagement in Start-ups ergeben.

6.1 Digitalisierung

Die Digitalisierung bietet zahlreiche Möglichkeiten, um die Arbeit und Führung in Start-ups zu unterstützen. Mitarbeiter:innen können beispielsweise Tools zur Verfügung gestellt werden, die helfen den kreativen Prozess zu strukturieren, indem sie in Meetings eine Struktur vorgeben oder beim Brainstorming durch neue Informationen neue Ideen stimulieren (Frich et al., 2019). Die Digitalisierung bietet Start-ups ungezählte Möglichkeiten, stellt sie aber auch vor neue Herausforderungen. In meiner Forschung untersuche ich einen Aspekt genauer, der in der Zukunft relevant werden könnte: Inwiefern Roboter Führung in Start-ups unterstützen könnten.

Ich habe mir die Frage gestellt, ob Roboter Führungsaufgaben im Start-up übernehmen könnten. Gemeinsam mit Kolleg:innen habe ich zunächst die Möglichkeiten und Herausforderungen analysiert, die Roboter in Führungsrollen mit sich bringen könnten (Hubner et al., 2019). Ein Roboter könnte mehrere Vorteile bringen. Der Roboter kann so programmiert werden, dass er genau das Führungsverhalten zeigt, das laut wissenschaftlicher Erkenntnisse optimal für die Performance und Zufriedenheit der Mitarbeiter:innen ist. Kommunikation könnte effizienter sein, da der Roboter nicht abschweift, wie es menschlichen Führungskräften häufig passiert, und die Entscheidungsfindung könnte durch Big Data

Analysen, die der Roboter in kürzester Zeit durchführen kann, optimiert werden. Wenn Roboter Ideen und Leistung der Mitarbeiter:innen bewerten, könnte das auf zuvor definierten, objektiven und transparenten Kriterien basieren, sodass die Entscheidungen weniger von Subjektivität beeinflusst werden, als wenn sie von Menschen getroffen werden. Für die Bewertung kreativer Ideen könnte künstliche Intelligenz eingesetzt werden. Zahlreiche Studien arbeiten hierfür bereits an vielversprechenden Algorithmen.

Mit dem Einsatz von Robotern in anleitenden Rollen gehen aber auch viele Risiken einher. Kann ausreichend auf die Bedürfnisse der Mitarbeiter:innen eingegangen werden? Können das Wohlbefinden und die persönliche Entwicklung der Mitarbeiter:innen sichergestellt werden? Kann Diskriminierung verhindert werden? Bleibt der Spaß an der Arbeit erhalten?

Interessant ist, dass tatsächlich einige Forschungsergebnisse andeuten, dass Menschen unter bestimmten Bedingungen bereit sind mit einem Roboter zusammenzuarbeiten und Anweisungen eines Roboters zu folgen. Menschen ordnen Roboter, genau wie Menschen, in eine soziale Gruppe ein (Westlund et al., 2016) und akzeptieren sozialen Einfluss von Robotern (Goetz et al., 2003). Menschen schreiben Robotern, genau wie Menschen, Wärme, Kompetenz und Tadel zu (Carpinella et al., 2017; Kim & Hinds, 2006). Wenn Roboter einen Fehler machen, reagieren wir als wäre der Roboter selbst dafür verantwortlich. Und ob Menschen Vertrauen in Roboter aufbauen, hängt von ähnlichen Kriterien ab wie der Vertrauensaufbau zu Menschen (Mota et al., 2016).

Um besser zu verstehen, unter welchen Bedingungen Mitarbeiter:innen in Start-ups bereit sein könnten und davon profitieren würden, dass Roboter Führungsaufgaben übernehmen, habe ich gemeinsam mit Kolleg:innen Experimente durchgeführt, in denen ein Roboter, der sich als „Marketing-Manager" eines Start-ups vorgestellt hat, eine Aufgabe an Versuchsteilnehmer:innen übergibt (Cichor et al., 2020). Der Roboter hat die Versuchsteilnehmer:innen aufgefordert, ihn bei der Entwicklung des Marketingkonzepts für das Start-up zu unterstützen. Es war eine fiktive, aber typische, Führungssituation, die in einem Start-up stattfinden könnte.

Wir beobachteten, dass der Roboter in der Lage war, unternehmerisches Verhalten bei den Versuchsteilnehmer:innen zu motivieren. Es hat sich zudem gezeigt, dass der Roboter unterschiedliche Zukunftsvisionen bei den Versuchsteilnehmer:innen ausgelöst hat. Manche malten sich eine Utopie aus. Sie nahmen an, dass der Roboter weniger voreingenommen und objektiver wäre, als ein Mensch in dieser Rolle, und sie waren begeistert von der Idee, dass ein Roboter programmiert wird, um ihre Arbeit zu unterstützen. Andere befürchteten, dass mit einem Roboter als Führungskraft jeglicher Spaß an der Arbeit verloren gehen würde, und dass ihre Emotionen und ihre Menschlichkeit nicht mehr genügend berücksichtigt würden. Sie beschrieben eher eine Dystopie, also eine Zukunftsvorstellung mit negativem Ausgang.

Wir haben zudem festgestellt, dass es positivere Reaktionen gab, wenn der Roboter transformationale Verhaltensweisen zeigte (siehe auch Abschn. 4.1), das heißt, wenn er von seiner Begeisterung und Vision gesprochen hat, und aufgefordert hat eigene Ideen einzubringen (Bass & Riggio, 2010). Die transformationalen Führungsverhaltensweisen, die für Gründer:innen vielversprechend sind, scheinen also auch die Verhaltensweisen zu sein, die für die Programmierung von Robotern vorteilhaft wären.

Wir dürfen aber nicht vernachlässigen, dass der Einsatz von Robotern in Führungsrollen, wenn das nicht mehr in unserem Labor, sondern tatsächlich in Unternehmen stattfindet, auch ethische Fragen aufwirft (Malle, 2016). Wer trägt die Verantwortung für die Mitarbeiter:innen, wenn sie von einem Roboter angeleitet werden? Die Gründer:innen? Oder die Programmierer:innen des Roboters? Zudem könnte der Einsatz einer künstlichen Intelligenz die Transparenz der Entscheidungskriterien, die einprogrammiert werden könnten (siehe oben), wieder einschränken. Dennoch möchte ich darauf aufmerksam machen, dass auch menschliche Führungskräfte Fehler machen, Mitarbeiter:innen ausnutzen und nicht immer Zeit für individuelle Bedürfnisse ihrer Mitarbeiter:innen haben. Das stimmt insbesondere in Start-ups, die keinen Betriebsrat und wenig organisationale Strukturen haben, die negatives Führungsverhalten einschränken würden. Gründer:innen sind völlig frei, wie sie ihre Mitarbeiter:innen behandeln, solange sie sich an gesetzlich festgeschriebene Mindeststandards halten.

Um einen ethischen Einsatz der technologischen Möglichkeiten sicherzustellen, die sich durch rasant fortschreitende Entwicklungen von digitalen Tools, Robotern und künstlicher Intelligenz ergeben, ist es von großer Bedeutung, ein besseres Verständnis für die Rahmenbedingungen und Risiken zu entwickeln. Nur so können die Möglichkeiten, die sich durch die Digitalisierung für Führung und Personalmanagement in Start-ups ergeben, auf sichere und ethische Weise genutzt werden. Ich arbeite an mehreren Studien, mit denen ich auf dem Weg zu diesem Ziel beitragen möchte.

6.2 Globalisierung und Diversität

Start-ups sind selten nur an einem Standort aktiv, und haben nur selten ausschließlich lokale Kontakte. Häufig rekrutieren sie Mitarbeiter:innen auch international. Das hat zahlreiche Auswirkungen. Beispielsweise sind die Entscheidungslogiken des Effectuations, die für Gründer:innen typisch sind (siehe auch Abschn. 4.2), nicht an allen Standorten gleichermaßen zielführend. Meine Forschung zeigt, dass während Effectuation an manchen Orten besonders erfolgversprechend ist, die Anwendung der entsprechenden Logiken an anderen Orten abschreckend wirken kann (Hubner et al., 2021a). Zudem unterscheidet sich der Einfluss von Stereotypen, der insbesondere im Rahmen der Kapitalakquise und bei der Rekrutierung relevant ist (siehe auch Abschn. 3.1). Aufgrund dieser Unterschiede, die für Startups relevant werden, wenn sie auf dem internationalen Markt tätig sind, habe ich in verschiedenen Studien regionale und kulturelle Unterschiede untersucht.

6.2.1   Effectuation an unterschiedlichen Orten

Die Entscheidungslogiken des Effectuation (Sarasvathy, 2001, 2009, Abschn. 4.2) sind an manchen Orten typischer, und/oder erfolgversprechender, als an anderen Orten. Auf Basis einer Interviewstudie habe ich zusammen mit meinen Koautor:innen die Rolle von Effectuation an verschiedenen Standorten verglichen (Hubner et al., 2021a). Wir haben Interviews mit Mehrfach-Gründer:innen, Kapitalgeber:innen (Business Angels und Venture Capitalists) und Leiter:innen von Unterstützungsprogrammen (Accelerators und Inkubatoren) in drei verschiedenen sehr erfolgreichen unternehmerischen Ökosystemen untersucht: Silicon Valley, München und Singapur.

Unsere Studie zeigt, dass die nationale Kultur, die Gegebenheiten am Markt sowie Ressourcen und Netzwerke spezifische „Narrative" auslösen. Diese Narrative beinhalten Annahmen darüber, welches Verhalten typisch, üblich und erfolgversprechend ist, und werden von Personen, die an einem Ort aktiv sind, immer wieder wiederholt. Durch die ständige Wiederholung bestimmen sie, welche unternehmerischen Einstellungen, Entscheidungen und Handlungen an einem bestimmten Ort als typisch, üblich und erfolgversprechend angesehen werden. Wenn diese Narrative von erfahrenen Gründer:innen, Unternehmer:innen und Business Angels bekräftigt werden, können sie dadurch Effectuation oder Causation entweder fördern oder behindern.

Ein zentraler Aspekt von Effectuation ist der Aufbau von Partnerschaften. Im Silicon Valley wird ein offener und intensiver Ideenaustausch gefördert. In München gibt es dagegen eine vorsichtige und zurückhaltende Kommunikationshaltung, die den Aufbau von Partnerschaften erschwert. In Silicon Valley wird der Aufbau von Partnerschaften stärker gefördert als in München und in Singapur.

Weitere wichtige Aspekte von Effectuation sind Flexibilität, Experimentierfreude und die Nutzung statt Vermeidung von Zufällen. Sowohl im Silicon Valley als auch in München wurde berichtet, dass viel experimentiert wird. Allerdings sind die Experimente, das Testen und die Iterationen in München stärker auf Perfektion ausgerichtet, als es der flexible Effectuation-Ansatz nahelegen würde. In Singapur wurde der vergleichsweise kleine nationale Markt als besonders geeignet für Experimente angesehen.

Interessanterweise schien sich die Ressourcenorientierung, die ebenfalls Teil des Effectuation-Ansatzes ist, im Silicon Valley auf die Identität (wer bin ich?), in Deutschland auf die Kompetenz (was kann ich?) und in Singapur auf die Kontakte (wen kenne ich?) zu konzentrieren.

Planung und Prognosen, die Teil von Causation sind, wurden in München und Singapur als sehr bedeutsam wahrgenommen, nicht aber im Silicon Valley. Im Silicon Valley wurde hingegen der Wert von Zufällen betont, und die hohe Geschwindigkeit der Entwicklungen wurde als Widerspruch zu Vorhersage und Planung beschrieben.

Zusammengefasst zeigt unsere Analyse, dass im Silicon Valley viele Narrative Effectuation fördern, während Effectuation in München durch die meisten Narrative behindert wird, und in Singapur einige Narrative Effectuation fördern und andere behindern. Es gibt also standortspezifische Einflussmechanismen, die Tendenzen zu Effectuation oder Causation vorantreiben.

Unsere Ergebnisse deuten darauf hin, dass an unterschiedlichen Orten unterschiedliche Strategien gefordert sind, und dass es ortsspezifische Erfolgsfaktoren gibt. So scheint es im Silicon Valley einfacher zu sein, einen ersten Kontakt oder Kooperationsvereinbarungen herzustellen als in München oder Singapur. Deshalb benötigen Gründer:innen in München und Singapur Strategien, um die Hindernisse für Kooperationen mit etablierten Akteuren zu überwinden. Für Gründer:innen im Silicon Valley scheint es dagegen wichtiger zu sein, die tatsächlichen Ergebnisse der Partnerschaften zu verfolgen, und sich auf langfristige Verpflichtungen zu konzentrieren.

Zudem scheinen unterschiedliche Arten von Strategien (beispielsweise in Unternehmens-Pitches) an unterschiedlichen Orten besonders erfolgreich zu sein, um Kapitalgeber:innen zu überzeugen. Aufgrund der Bedeutung von Risikovermeidung in München ist hier ein Erfolg mit einem Pitch wahrscheinlicher, der sich auf Pläne, technische Produktmerkmale und die technische Expertise der Gründer:innen konzentriert. Im Gegensatz dazu scheint es im Silicon Valley wichtiger zu sein, die Wachstumsmöglichkeiten aufzuzeigen. In Singapur scheint es wichtiger, Konformität mit Verhaltensnormen und ein starkes Netzwerk zu signalisieren, um Legitimität zu schaffen.

Diese Ergebnisse zeigen, wie wichtig es ist, dass Gründer:innen sorgfältig zwischen allgemeinen Best Practices und den Besonderheiten an dem Ort, an dem sie tätig sind, abwägen.

6.2.2   Stereotype und die ethnische Zugehörigkeit von Gründer:innen

Diversität wird als treibende Kraft für Erfolg angesehen, sowohl in Belegschaften als auch in Gründungsteams (z. B.: Boone et al., 2019; Smallbone et al., 2010; Zhang, 2020). Diversität kann die Kreativität eines Teams steigern, da sie „groupthink" verhindern kann. Das bedeutet, dass Diversität verhindert, dass Probleme übersehen werden, weil alle Teammitglieder aus der gleichen Perspektive blicken. Darüber hinaus trägt Diversität zur gesellschaftlichen Teilhabe von Minderheiten bei.

Allerdings begegnen Gründer:innen, die einer demografischen Minderheit angehören, zusätzlichen Herausforderungen. Sie könnten von Bewerber:innen als potenzielle Arbeitgeber ungerechtfertigt schlechter bewertet werden. Obwohl uns das häufig nicht bewusst ist, beeinflussen Stereotype unsere Wahrnehmung. Personen, die einer ethnischen Minderheit angehören, werden, vor allem von der ethnischen Mehrheit, im Durchschnitt tatsächlich weniger positiv bewertet (Goldberg, 2003; Turner et al., 1979).

Für Gründer:innen ist es wichtig, dass sich Bewerber:innen mit ihnen identifizieren können. Für Gründer:innen aus Minderheiten ist es schwieriger, eine solche Identifikation zu erreichen, da sie den Bewerber:innen weniger vertraut erscheinen (Goldberg, 2003). Dies kann dazu führen, dass Gründer:innen aus Minderheiten als weniger zugänglich wahrgenommen werden, und das Gefühl der Unvertrautheit kann Unsicherheit und Zweifel bei Bewerber:innen erwecken (Tanis & Postmes, 2005). In diesem Fall ist es schwieriger in einem Vorstellungsgespräch eine solide Vertrauensbasis aufzubauen. Eine solche Vertrauensbasis ist aber von großer Bedeutung, wenn das Start-up als potenzieller Arbeitgeber in Betracht gezogen werden soll. Darüber hinaus prägt die Herkunftskultur der Gründer:innen das Klima innerhalb der Organisation (Stoermer et al., 2016). Wenn Gründer:innen den Bewerber:innen vertraut erscheinen, können die Bewerber:innen vermeintlich leichter Rückschlüsse auf das Arbeitsumfeld in dem entsprechenden Start-up ziehen. Dadurch ergeben sich zusätzliche Herausforderungen für Gründer:innen aus Minderheiten, die unabhängig von ihrem Verhalten sind.

Um besser zu verstehen, welche Rolle die ethnische Zugehörigkeit bei der Rekrutierung in Start-ups spielt, und welche Herausforderungen sich dadurch für Gründer:innen ergeben können, habe ich an einer Studie gearbeitet, in der potenzielle Bewerber:innen verschiedene Gründer:innen und ihre Start-ups bewertet haben. Ich habe mit meinen Koautor:innen eine Studie in Deutschland durchgeführt, in der hypothetische Gründer:innen als Arbeitgeber vorgestellt wurden (Hubner et al., 2022a). Studienteilnehmer:innen haben bewertet, ob sie gerne in deren Start-up arbeiten würden. Die Gründer:innen wurden mit den gleichen Texten vorgestellt, aber mit unterschiedlichen Fotos, sodass sich die rekrutierende Personen in ihrer ethnischen Zugehörigkeit (Caucasian vs. Indian) unterschieden. Zudem haben wir Personen mit unterschiedlichem Geschlecht (männlich vs. weiblich) gezeigt, und die Personen in unterschiedlichen Rollen vorgestellt (Wirtschaftsexpert:in vs. IT-Expert:in), da auch Geschlecht und Rollen mit Stereotypen verknüpft sind und damit die Wahrnehmung beeinflussen können (Eagly & Karau, 2002; Heilman, 2012).

In unserer Studie hat sich gezeigt, dass die Absicht eine Stelle anzustreben höher war, wenn die Gründer:innen einer ethnischen Mehrheit angehörten (in diesem Fall „Caucasian"), als wenn sie einer Minderheit angehörten (in diesem Fall „Indian"). Zudem schien die ethnische Zugehörigkeit einen größeren Einfluss zu haben, wenn der Gründer ein Mann (vs. eine Frau) war und wenn es sich um eine Wirtschaftsexpert:in (vs. IT-Expert:in) handelte. Es zeigte sich ein Vorteil weiblicher gegenüber männlicher indischer Gründer:innen. Eine positive Bewertung aufgrund stereotyp-weiblicher Eigenschaften, wie zwischenmenschlicher und kommunikativer Fähigkeiten, könnten hier den Nachteilen entgegenwirken, die durch die Assoziationen mit der ethnischen Zugehörigkeit entstehen können (Giannantonio et al., 2019). Zudem deuten die Ergebnisse auf einen Vorteil für Gründer:innen mit indischer Ethnizität hin, wenn sie als IT-Expert:in auftreten. Möglicherweise haben hier Stereotype einen Einfluss, die Personen mit der indischen Ethnizität zugeschrieben werden, wie fortgeschrittene Fähigkeiten im Umgang mit IT und Technologie. Dadurch könnten indische Gründer:innen als besonders passend mit einer IT-Rolle wahrgenommen werden.

Es wird deutlich, dass das Zusammenspiel von Assoziationen, die aufgrund von verschiedenen Stereotypen entstehen, sehr komplex ist. Die Effekte in unserer Studie sind unabhängig vom tatsächlichen Verhalten der Personen und somit eine starke Vereinfachung. Es ist weitere Forschung notwendig, um die Mechanismen in realen Situationen genauer verstehen zu können.

Die Ergebnisse haben dennoch Implikationen für die Rekrutierung in Start-ups. Um den Nachteilen, die durch Stereotype und erschwerte Identifikation mit

Minderheiten entstehen, entgegenzuwirken, kann es helfen im Rekrutierungsprozess Merkmale hervorzuheben, die die rekrutierende Person mit Bewerber:innen teilt, wie z. B. den Bildungshintergrund oder Hobbys. Das kann die Wahrnehmung der Ähnlichkeit erhöhen und helfen, Vertrauen aufzubauen. Da das Auftreten in einer IT-Rolle positive Auswirkungen in der Rekrutierung von indischen Gründer:innen haben könnte, könnte es zudem für diejenigen, die eine IT-Rolle innehaben, vorteilhaft sein, ihre Rolle bei der Rekrutierung zu betonen, wenn sie sich damit wohlfühlen.

6.2.3 Ambidextrous Leadership in unterschiedlichen Kulturen

Wenn Start-ups an unterschiedlichen Orten tätig sind, ist es wichtig zu beachten, dass in unterschiedlichen Kulturen unterschiedliche Führungsverhaltensweisen besonders wichtig sind. Um solche Kulturunterschiede aufzuzeigen, habe ich gemeinsam mit einem interkulturellen Team mehrere Studien durchgeführt (Hubner et al., 2022b; Deng et al., 2022). Aufgrund der zunehmenden Bedeutung des asiatischen Raums für den globalen Innovationsmarkt, haben wir uns auf Kulturunterschiede innerhalb Asiens konzentriert und China, Indien und Singapur verglichen.

Wir haben zunächst Interviews mit Innovationsexpert:innen und eine Fragebogenstudie in verschiedenen Ländern durchgeführt. Wir haben Kulturunterschiede identifiziert, die für Innovationsverhalten relevant sind, indem wir Zusammenhänge zwischen Verhaltensweisen, die in einem Land als üblich angesehen werden, und dem Innovationsverhalten in einem Land analysiert haben. In einer auf den Ergebnissen aufbauenden Befragung von Innovationsteams und deren Führungskräften haben wir länderübergreifende Unterschiede im Innovationsverhalten gezeigt (Hubner et al., 2022b). Die Daten deuten darauf hin, dass sich Teams in Indien stärker auf die Entwicklung von kreativen Ideen fokussieren, während sich Teams in China stärker auf die Umsetzung von Ideen fokussieren. In Indien ist es Teammitgliedern wichtig, ihre Individualität einzubringen, in China werden dagegen kreative Ideen von der Führungskraft erwartet, woraufhin Mitarbeiter:innen Engagement bei der Umsetzung zeigen. In Singapur schien, so wie in China, die kreative Erkundung von Ideen durch die Mitarbeiter:innen eine untergeordnete Rolle zu spielen.

In einer aufbauenden Analyse (Deng et al., 2022) haben wir untersucht, welches Führungsverhalten in welcher Kultur besonders vielversprechend ist.

Dadurch, dass in unterschiedlichen Kulturen unterschiedliche Aspekte des Innovationsprozesses fokussiert werden (Kreativität vs. Ideenumsetzung), ist das Eingreifen der Führungskraft an unterschiedlichen Stellen gefragt (Bledow et al., 2011). Aufbauend auf dem Konzept des Ambidextrous Leadership (siehe auch Abschn. 4.1), untersuchten wir, inwiefern entweder öffnende oder schließende Führung besonders wichtig ist.

Unsere Ergebnisse zeigen, dass in Indien, wo Mitarbeiter:innen auf Kreativität fokussieren, schließende Führung unverzichtbar ist. In unserer Studie hatten die indischen Teams mit der höchsten Innovationsleistung eine Führungskraft, die entweder nur auf schließende Führung setzte, oder öffnende Führung mit schließender Führung kombinierte. Schließende Führung schien in Indien besonders wichtig, um sicherzustellen, dass die kreativen Ideen, die von Mitarbeiter:innen entwickelt werden, auch umgesetzt werden. In China ist dagegen öffnende Führung von größerer Bedeutung. In der chinesischen Kultur wird es als ein hohes soziales Risiko empfunden die aktuellen Vorgehensweisen infrage zu stellen – was für Innovation unabdingbar ist. Darum ist hier Führungsverhalten gefragt, das infrage stellen, Ausprobieren und Lernen aus Fehlern explizit ermutigt und belohnt. Auch in Singapur liegt in den Teams mit hoher Innovationsleistung öffnende Führung vor, und schließende Führung spielt eine untergeordnete Rolle. Mitarbeiter:innen scheinen auch in Singapur Ermutigung zu brauchen, um eigene kreative Ideen einzubringen.

Diese Ergebnisse zeigen, wie wichtig es für Gründer:innen ist, sich mit dem kulturellen Hintergrund ihrer Mitarbeiter:innen auseinanderzusetzen, insbesondere, wenn sie in verschiedenen Ländern aktiv sind. In unterschiedlichen Ländern brauchen Mitarbeiter:innen Ermutigung für unterschiedliche Tätigkeiten. Wenn Führungskräfte auf diese Unterschiede eingehen können, erreichen sie die höchste Innovationsleistung.

Ein Modell der Führungsherausforderungen in Start-ups

Wenn Gründer:innen erste Mitarbeiter:innen einstellen, werden sie zur Führungskraft, und sie begegnen bei der Rekrutierung, der Gestaltung von Lerngelegenheiten, und dem Aufbau von Prozessen und Strukturen zahlreichen Herausforderungen. Gründer:innen können dabei nicht uneingeschränkt von Best Practices aus etablierten Unternehmen lernen. Ihre Situation ist anders und sie haben andere Herausforderungen. Im „Modell der Führungsherausforderungen in Start-ups" (Abb. 7.1) fasse ich zusammen, was für Führung und Personalmanagement in Start-ups spezifisch ist, und welche Überlegungen für Gründer:innen besonders wichtig sind.

Zunächst zur Rekrutierung (Abschn. 3.1): Es ist schwierig für Start-ups Stellenausschreibungen mit konkreten Anforderungen zu erstellen, da das Arbeitsumfeld meist sehr dynamisch ist, und die Anforderungen an Mitarbeiter:innen sich fortlaufend ändern. Es ist wichtig, diese Gegebenheiten für Bewerber:innen transparent zu machen, um keine falschen Erwartungen zu wecken. Zudem ist es schwierig, ausreichend Informationen über das Start-up als Arbeitgeber zur Verfügung zu stellen. Informationen über die Person, die rekrutiert, sind deshalb besonders relevant. Üblicherweise rekrutieren Gründer:innen selbst. Bewerber:innen interpretieren dann aus den Charakteristika, die sie bei den Gründer:innen beobachten, welches Arbeitsklima sie im Start-up erwarten. Diese Interpretationen sind zum Teil unbewusst und basieren auf dem Führungsstil und demografischen Charakteristika, die mit Stereotypen verknüpft sind (wie dem Hustler, Hipster, und Hacker, siehe Abschn. 3.1). Ein Entrepreneurial Leadership Style lässt das Start-up attraktiv erscheinen, und wirkt besonders authentisch bei jüngeren Gründer:innen, die den Stereotypen besonders gut entsprechen. Das gilt es bei Überlegungen zur Rekrutierungsstrategie zu berücksichtigen.

Personalentwicklung (Abschn. 3.2) läuft in Start-ups sehr informell ab. Da Ziele des Unternehmens noch unklar sind und sich verändern, können für die

S. Hubner-Benz, *Warum Personalführung in Start-ups anders funktioniert*, essentials, https://doi.org/10.1007/978-3-658-38947-5_7

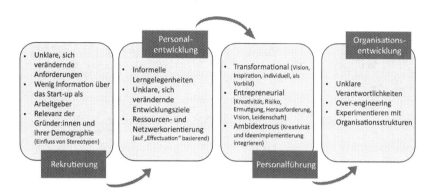

Abb. 7.1 Modell der Führungsherausforderungen in Start-ups

Personalentwicklung keine konkreten Lern- und Entwicklungsziele gesetzt werden. Dennoch ist es für Mitarbeiter:innen in Start-ups von großer Bedeutung in kürzester Zeit neue Kompetenzen zu erwerben. In Start-ups eignen sich insbesondere ressourcen- und netzwerkorientierte Herangehensweisen. Interessen und Fähigkeiten der Mitarbeiter:innen und Netzwerkpartner:innen können als „Ressourcen" genutzt werden, um voneinander zu lernen. Anstatt einer detaillierten Planung von Schulungen und Seminaren, kann der Fokus darauf liegen, zu reflektieren, wo gelernt werden kann, und was mit neu Gelerntem gemacht werden kann, auch wenn das kein vorab definiertes Ziel war.

Nun zur Personalführung (Kap. 4): Einige Führungsstile eignen sich für den Start-up-Kontext besonders gut. Transformationale Führung hat sich in zahlreichen Kontexten als vorteilhaft gezeigt, insbesondere in dynamischen Kontexten, die von Innovation und Veränderung geprägt sind, sodass ein Start-up als ein Extremfall gesehen werden kann, in dem transformationale Führung besonders wichtig ist. Transformationale Führung beinhaltet das Entwickeln und Kommunizieren einer ambitionierten Vision, Inspiration der Mitarbeiter:innen durch Charisma, Eingehen auf die individuellen Bedürfnisse der Mitarbeiter:innen, und Agieren als Vorbild. Der Entrepreneurial Leadership Style wurde entwickelt, um Führungsverhalten zu beschreiben, das in Start-ups zu finden ist, und umfasst Kreativität, Risikoübernahme, Ermutigung der Mitarbeiter:innen kreativ zu sein und Dinge infrage zu stellen sowie visionäres Verhalten und das Ausdrücken von Leidenschaft bzw. Begeisterung. Ein weiterer Führungsstil, der relevant ist, wenn die Entwicklung von Innovationen im Vordergrund steht, ist der Ambidextrous Leadership Style. Führungskräfte mit diesem Führungsstil stellen sicher, dass die

Gegensätze, die mit Innovationen einhergehen, kombiniert und integriert werden. Für die Entwicklung neuer Ideen ist öffnende Führung notwendig, die Kreativität und Lernen aus Fehlern ermutigt. Für die Umsetzung der Ideen ist schließende Führung notwendig, die Routinen und Vereinheitlichung sicherstellt.

Wenn mehr und mehr Mitarbeiter:innen eingestellt werden, steigt die Komplexität der Organisation innerhalb des Start-ups und es werden Prozesse und Strukturen notwendig, die durch Organisationsentwicklung (Kap. 5) entstehen. Start-ups befinden sich in ständiger Veränderung, sodass ein dynamischer und flexibler Prozess der Organisationsentwicklung notwendig ist. Start-ups bewegen sich dabei zumeist zwischen unklaren Verantwortlichkeiten und Overengineering. Um Ineffizienzen zu vermeiden, ist es hilfreich mit Prozessen und Strukturen zu experimentieren und diese kontinuierlich iterativ an den aktuellen Entwicklungsstand anzupassen.

Es ist zudem wichtig zu beachten, dass Prozesse der Rekrutierung, Personalentwicklung, Personalführung und Organisationsentwicklung von der Digitalisierung (Abschn. 6.1) sowie von der Globalisierung und steigender Diversität (Abschn. 6.2) beeinflusst werden. Die Digitalisierung bietet zahlreiche Möglichkeiten und Herausforderungen, die Start-ups bewusst abwägen sollten. Einflussmechanismen unterscheiden sich zudem an unterschiedlichen Orten und in unterschiedlichen Kulturen, sodass sich Start-ups, wenn sie auf dem internationalen Markt tätig sind, und international rekrutieren, unbedingt mit diesen Unterschieden auseinander setzen sollten.

Mir ist natürlich bewusst, dass die konkreten Herausforderungen in jedem Start-up unterschiedlich sind. Dennoch können Forschungsergebnisse zur Reflektion anregen und dabei helfen, Personalführung effizient zu gestalten und neue Ideen zu entwickeln. Ich hoffe, dass ich einen Überblick geben konnte, welche Fragen sich bei der Personalführung in Start-ups stellen, und welche Erkenntnisse, die sich aus meinen Forschungsergebnissen ableiten lassen, zu einer innovativen und gezielten Gestaltung des unternehmerischen Wachstumsprozesses beitragen können.

Was Sie aus diesem *essential* mitnehmen können

- Wenn Start-ups rekrutieren, sollten sie bewusst entscheiden, welche Signale sie an Bewerber:innen senden wollen, und dabei potenzielle Einflüsse von Stereotypen berücksichtigen.
- Personalentwicklung in Start-ups kann von informellen Lerngelegenheiten und Lernen in Netzwerken profitieren. Neu erworbene Kompetenzen können als Ressourcen betrachtet werden.
- Führungskräfte in Start-ups können von Führungsverhalten profitieren, das Mitarbeiter:innen zu eigenständigem unternehmerischen Denken und Handeln anregt, und sowohl Kreativität als auch die Umsetzung kreativer Ideen fördert.
- Es kann sich lohnen mit verschiedenen Organisationsstrukturen zu experimentieren, um herauszufinden, welche sich für den aktuellen Entwicklungsstand des Unternehmens eignen.
- Digitale Technologien, künstliche Intelligenz und Roboter bieten neue Möglichkeiten, die die Entwicklung und Umsetzung von unternehmerischen Ideen vorantreiben können.
- Wenn Start-ups auf internationalen Märkten aktiv sind, sollten sie berücksichtigen, dass Strategien und Führungsverhalten an verschiedenen Orten und in verschiedenen Kulturen unterschiedliche Auswirkungen haben können.

© Der/die Herausgeber bzw. der/die Autor(en), exklusiv lizenziert an Springer Fachmedien Wiesbaden GmbH, ein Teil von Springer Nature 2022
S. Hubner-Benz, *Warum Personalführung in Start-ups anders funktioniert*, essentials, https://doi.org/10.1007/978-3-658-38947-5

Literatur

Backes-Gellner, U., & Werner, A. (2007). Entrepreneurial signaling via education: A success factor in innovative start-ups. *Small Business Economics, 29*(1–2), 173–190.

Baker, T., Miner, A. S., & Eesley, D. T. (2003). Improvising firms: Bricolage, account giving and improvisational competencies in the founding process. *Research Policy, 32*(2), 255–276.

Baron, J. N., Burton, M. D., & Hannan, M. T. (1996). The road taken: Origins and evolution of employment systems in emerging companies. *Industrial and Corporate Change, 5*(2), 239–275.

Baron, J. N., Burton, M. D., & Hannan, M. T. (1999). Engineering bureaucracy: The genesis of formal policies, positions, and structures in high-technology firms. *Journal of Law, Economics, and Organization, 15*(1), 1–41.

Barrett, R., & Mayson, S. (2008). *International handbook of entrepreneurship and HRM.* Edward Elgar publishing.

Bass, B. M., & Riggio, R. E. (2010). The transformational model of leadership. *Leading Organizations: Perspectives for a New Era, 2,* 76–86.

Baum, M., Danner-Schröder, A., Müller-Seitz, G., & Rabl, T. (2020). Organisational emergence – Interdisciplinary perspectives against the backdrop of the digital transformation. *Management Revue, 31*(1), 31–54.

Bledow, R., Frese, M., Anderson, N., Erez, M., & Farr, J. (2009). A dialectic perspective on innovation: Conflicting demands, multiple pathways, and ambidexterity. *Industrial and Organizational Psychology, 2*(3), 305–337.

Bledow, R., Frese, M., & Mueller, V. (2011). Ambidextrous leadership for innovation: The influence of culture. In W. H. Mobley, M. Li, & Y. Wang (Hrsg.), *Advances in global leadership* (Bd. 6, S. 41–69). Emerald Group Publishing Limited.

Boone, C., Lokshin, B., Guenter, H., & Belderbos, R. (2019). Top management team nationality diversity, corporate entrepreneurship, and innovation in multinational firms. *Strategic Management Journal, 40*(2), 277–302.

Breugst, N., Domurath, A., Patzelt, H., & Klaukien, A. (2012). Perceptions of entrepreneurial passion and employees' commitment to entrepreneurial ventures. *Entrepreneurship Theory and Practice, 36*(1), 171–192.

Cardinal, L. B., Sitkin, S. B., & Long, C. P. (2004). Balancing and rebalancing in the creation and evolution of organizational control. *Organization Science, 15*(4), 411–431.

S. Hubner-Benz, *Warum Personalführung in Start-ups anders funktioniert,* essentials, https://doi.org/10.1007/978-3-658-38947-5

Cardon, M. S. (2008). Is passion contagious? The transference of entrepreneurial passion to employees. *Human Resource Management Review, 18*(2), 77–86.

Cardon, M. S., Gregoire, D. A., Stevens, C. E., & Patel, P. C. (2013). Measuring entrepreneurial passion: Conceptual foundations and scale validation. *Journal of Business Venturing, 28*(3), 373–396.

Carpinella, C. M., Wyman, A. B., Perez, M. A., & Stroessner, S. J. (2017). The robotic social attributes scale (RoSAS) development and validation. *Proceedings of the 2017 ACM/IEEE International Conference on Human-Robot Interaction,* 254–262.

Chapman, D., & Webster, J. (2006). Toward an integrated model of applicant reactions and job choice. *The International Journal of Human Resource Management, 17*(6), 1032–1057.

Choi, Y. R., & Shepherd, D. A. (2004). Entrepreneurs' decisions to exploit opportunities. *Journal of Management, 30*(3), 377–395.

Cichor, J. E., Hubner, S., Peus, C., & Emmerling, F. (2020). I, robot–or leader? Investigating transformational and transactional behavior in robot leaders. In J. Cao (Hrsg.), *Get ready for working with AI: AI influences on both employees and organizations.* Annual Meeting of the Academy of Management (AOM).

Eagly, A. H., & Karau, S. J. (2002). Role congruity theory of prejudice toward female leaders. *Psychological Review, 109*(3), 573–598.

Ensley, M. D., Pearce, C. L., & Hmieleski, K. M. (2006). The moderating effect of environmental dynamism on the relationship between entrepreneur leadership behavior and new venture performance. *Journal of Business Venturing, 21*(2), 243–263.

Fox, H. L. (2013). Strategic human resource development in small businesses in the United States. *Academy of Entrepreneurship Journal, 19*(1).

Giannantonio, C. M., Hurley-Hanson, A. E., Segrest, S. L., Perrewé, P. L., & Ferris, G. R. (2019). Effects of recruiter friendliness and job attribute information on recruitment outcomes. *Personnel Review, 48*(6), 1491–1506.

Goetz, J., Kiesler, S., & Powers, A. (2003). Matching robot appearance and behavior to tasks to improve human-robot cooperation. *The 12th IEEE International Workshop on Robot and Human Interactive Communication, 2003. Proceedings. ROMAN, 2003,* 55–60.

Goldberg, C. B. (2003). Applicant reactions to the employment interview: A look at demographic similarity and social identity theory. *Journal of Business Research, 56*(8), 561–571.

Grimes, M. G. (2018). The pivot: How founders respond to feedback through idea and identity work. *Academy of Management Journal, 61*(5), 1692–1717.

Hampel, C. E., Tracey, P., & Weber, K. (2019). The art of the pivot: How new ventures manage identification relationships with stakeholders as they change direction. *Academy of Management Journal, 63*(2), 440–471.

Hannan, M. T., Burton, M. D., & Baron, J. N. (1996). Inertia and change in the early years: Employment relations in young, high technology firms. *Industrial and Corporate Change, 5*(2), 503–536.

Harney, B., & Dundon, T. (2006). Capturing complexity: Developing an integrated approach to analysing HRM in SMEs. *Human Resource Management Journal, 16*(1), 48–73.

Hatch, N. W., & Dyer, J. H. (2004). Human capital and learning as a source of sustainable competitive advantage. *Strategic Management Journal, 25*(12), 1155–1178.

Hayton, J. C. (2003). Strategic human capital management in SMEs: An empirical study of entrepreneurial performance. *Human Resource Management, 42*(4), 375–391.

Heilman, M. E. (2012). Gender stereotypes and workplace bias. *Research in Organizational Behavior, 32,* 113–135.

Hentschel, T., Heilman, M. E., & Peus, C. V. (2019). The multiple dimensions of gender stereotypes: A current look at men's and women's characterizations of others and themselves. *Frontiers in Psychology, 10,* 11.

House, R. J., Hanges, P. J., Javidan, M., Dorfman, P. W., & Gupta, V. (Hrsg.). (2004). *Culture, leadership, and organizations: The GLOBE study of 62 societies.* Sage.

Hubner, S. (2020). When entrepreneurs become leaders: How entrepreneurs deal with people management. *International Journal of Entrepreneurial Venturing, 12*(2), 161–182.

Hubner, S. (2022). *When new ventures grow up: Organizational change in growing new ventures.* Annual Meeting of the Academy of Management (AOM).

Hubner, S., & Baum, M. (2018a). Effectuation, entrepreneurs' leadership behaviour, and employee outcomes: A conceptual model. *International Journal of Entrepreneurial Venturing, 10*(4), 383–411.

Hubner, S., & Baum, M. (2018b). Entrepreneurs' human resources development. *Human Resource Development Quarterly, 29*(4), 357–381.

Hubner, S., Benz, T., & Peus, C. (2019). Würden Sie für einen Roboter arbeiten? Chancen und Herausforderungen beim Einsatz von Robotern in Führungsrollen. *PERSONALquarterly, 03.*

Hubner, S., Baum, M., & Frese, M. (2020). Contagion of entrepreneurial passion: Effects on employee outcomes. *Entrepreneurship Theory and Practice, 44*(6), 1112–1140.

Hubner, S., Most, F., Wirtz, J., & Auer, C. (2021a). Narratives in entrepreneurial ecosystems: Drivers of effectuation versus causation. *Small Business Economics,* 1–32.

Hubner, S., Rudic, B., & Baum, M. (2021b). How entrepreneur's leadership behavior and demographics shape applicant attraction to new ventures: The role of stereotypes. *The International Journal of Human Resource Management,* 1–36.

Hubner, S., Darouei, M., Rudic, B., & Baum, M. (2022a). *Minority entrepreneurs: Effects of entrepreneurs' ethnicity, gender, and job role in recruitment.* European Academy of Management (EURAM) Conference.

Hubner, S., Frese, M., Song, Z., Tripathi, N., Kaschner, T., & Le Kong, X. (2022b). An Asia-centric approach to team innovation: Cultural differences in exploration and exploitation behavior. *Journal of Business Research, 138,* 408–421.

Johnson, R. E., Venus, M., Lanaj, K., Mao, C., & Chang, C. H. (2012). Leader identity as an antecedent of the frequency and consistency of transformational, consideration, and abusive leadership behaviors. *Journal of Applied Psychology, 97*(6), 1262.

Katz, J. A., & Welbourne, T. M. (2002). *Managing people in entrepreneurial organizations.* Emerald Group Publishing Limited.

Kempster, S., & Cope, J. (2010). Learning to lead in the entrepreneurial context. *International Journal of Entrepreneurial Behavior & Research.*

Kerr, W. R., Nanda, R., & Rhodes-Kropf, M. (2014). Entrepreneurship as experimentation. *Journal of Economic Perspectives, 28*(3), 25–48.

Kim, T., & Hinds, P. (2006). Who should I blame? Effects of autonomy and transparency on attributions in human-robot interaction. *ROMAN 2006-The 15th IEEE International Symposium on Robot and Human Interactive Communication,* 80–85.

Leung, A. (2003). Different ties for different needs: Recruitment practices of entrepreneurial firms at different developmental phases. *Human Resource Management, 42*(4), 303–320.

Lin, C., Yu-Ping Wang, C., Wang, C.-Y., & Jaw, B.-S. (2017). The role of human capital management in organizational competitiveness. *Social Behavior and Personality: An International Journal, 45*(1), 81–92.

Malle, B. F. (2016). Integrating robot ethics and machine morality: The study and design of moral competence in robots. *Ethics and Information Technology, 18*(4), 243–256.

Marlow, S., Taylor, S., & Thompson, A. (2010). Informality and formality in medium-sized companies: Contestation and synchronization. *British Journal of Management, 21*(4), 954–966.

Messersmith, J. G., & Guthrie, J. P. (2010). High performance work systems in emergent organizations: Implications for firm performance. *Human Resource Management: Published in Cooperation with the School of Business Administration, The University of Michigan and in Alliance with the Society of Human Resources Management, 49*(2), 241–264.

Moser, K. J., Tumasjan, A., & Welpe, I. M. (2017). Small but attractive: Dimensions of new venture employer attractiveness and the moderating role of applicants' entrepreneurial behaviors. *Journal of Business Venturing, 32*(5), 588–610.

Mota, R. C. R., Rea, D. J., Le Tran, A., Young, J. E., Sharlin, E., & Sousa, M. C. (2016). Playing the 'trust game' with robots: Social strategies and experiences. *2016 25th IEEE International Symposium on Robot and Human Interactive Communication (RO-MAN),* 519–524.

Newman, A., Obschonka, M., Moeller, J., & Chandan, G. G. (2021). Entrepreneurial passion: A review, synthesis, and agenda for future research. *Applied Psychology, 70*(2), 816–860.

Nolan, C. T., & Garavan, T. N. (2016). Human resource development in SMEs: A systematic review of the literature. *International Journal of Management Reviews, 18*(1), 85–107.

Patel, P. C., & Cardon, M. S. (2010). Adopting HRM practices and their effectiveness in small firms facing product-market competition. *Human Resource Management, 49*(2), 265–290.

Phelps, R., Adams, R., & Bessant, J. (2007). Life cycles of growing organizations: A review with implications for knowledge and learning. *International Journal of Management Reviews, 9*(1), 1–30.

Preller, R., Patzelt, H., & Breugst, N. (2020). Entrepreneurial visions in founding teams: Conceptualization, emergence, and effects on opportunity development. *Journal of Business Venturing, 35*(2), 105914.

Renko, M., El Tarabishy, A., Carsrud, A. L., & Brännback, M. (2015). Understanding and measuring entrepreneurial leadership style. *Journal of Small Business Management, 53*(1), 54–74.

Reymen, I. M., Andries, P., Berends, H., Mauer, R., Stephan, U., & Van Burg, E. (2015). Understanding dynamics of strategic decision making in venture creation: A process study of effectuation and causation. *Strategic Entrepreneurship Journal, 9*(4), 351–379.

Ries, E. (2011). *The lean startup: How today's entrepreneurs use continuous innovation to create radically successful businesses.* Currency.

Rosing, K., Frese, M., & Bausch, A. (2011). Explaining the heterogeneity of the leadership-innovation relationship: Ambidextrous leadership. *The Leadership Quarterly, 22*(5), 956–974.

Rudic, B., Hubner, S., & Baum, M. (2021). Hustlers, hipsters and hackers: Potential employees' stereotypes of entrepreneurial leaders. *Journal of Business Venturing Insights, 15*, e00220.

Sadler-Smith, E., Gardiner, P., Badger, B., Chaston, I., & Stubberfield, J. (2000). Using collaborative learning to develop small firms. *Human Resource Development International, 3*(3), 285–306.

Sarasvathy, S. D. (2001). Causation and effectuation: Toward a theoretical shift from economic inevitability to entrepreneurial contingency. *Academy of Management Review, 26*(2), 243–263.

Sarasvathy, S. D. (2009). *Effectuation: Elements of entrepreneurial expertise*. Edward Elgar Publishing.

Shepherd, D. A., Souitaris, V., & Gruber, M. (2021). Creating new ventures: A review and research agenda. *Journal of Management, 47*(1), 11–42.

Sine, W. D., Mitsuhashi, H., & Kirsch, D. A. (2006). Revisiting burns and stalker: Formal structure and new venture performance in emerging economic sectors. *Academy of Management Journal, 49*(1), 121–132.

Skinner, J., Pownall, I., & Cross, P. (2003). Is HRD practised in micro-SMEs? *Human Resource Development International, 6*(4), 475–489.

Smallbone, D., Kitching, J., & Athayde, R. (2010). Ethnic diversity, entrepreneurship and competitiveness in a global city. *International Small Business Journal, 28*(2), 174–190.

Stoermer, S., Hildisch, A. K., & Froese, F. J. (2016). Culture matters: The influence of national culture on inclusion climate. *Cross Cultural & Strategic Management, 23*(2).

Tang, J.-J. (2020). Psychological capital of entrepreneur teams and human resource development. *Frontiers in Psychology, 11*.

Tanis, M., & Postmes, T. (2005). A social identity approach to trust: Interpersonal perception, group membership and trusting behaviour. *European Journal of Social Psychology, 35*(3), 413–424.

Tumasjan, A., Strobel, M., & Welpe, I. M. (2011). Employer brand building for start-ups: Which job attributes do employees value most? *Zeitschrift Für Betriebswirtschaft, 81*(6), 111–136.

Turner, J. C., Brown, R. J., & Tajfel, H. E. (1979). Social comparison and group interest in ingroup favouritism. *European Journal of Social Psychology, 9*(2), 187–204.

Unger, J. M., Rauch, A., Frese, M., & Rosenbusch, N. (2011). Human capital and entrepreneurial success: A meta-analytical review. *Journal of Business Venturing, 26*(3), 341–358.

Westlund, J. M. K., Martinez, M., Archie, M., Das, M., & Breazeal, C. (2016). Effects of framing a robot as a social agent or as a machine on children's social behavior. *2016 25th IEEE International Symposium on Robot and Human Interactive Communication (RO-MAN)*, 688–693.

Wilhelmy, A., Kleinmann, M., König, C. J., Melchers, K. G., & Truxillo, D. M. (2016). How and why do interviewers try to make impressions on applicants? A qualitative study. *Journal of Applied Psychology, 101*(3), 313–332.

Wilhelmy, A., Kleinmann, M., Melchers, K. G., & Lievens, F. (2019). What do consistency and personableness in the interview signal to applicants? Investigating indirect effects on organizational attractiveness through symbolic organizational attributes. *Journal of Business and Psychology, 34*(5), 671–684.

Wiltbank, R., Read, S., Dew, N., & Sarasvathy, S. D. (2009). Prediction and control under uncertainty: Outcomes in angel investing. *Journal of Business Venturing, 24*(2), 116–133.

Zhang, L. (2020). An institutional approach to gender diversity and firm performance. *Organization Science, 31*(2), 439–457.

Printed in the United States
by Baker & Taylor Publisher Services